Für

„Die Welt ist die Signatur des Wortes."

Heinrich Heine
Zur Geschichte der Religion und Philosophie in Deutschland

Trithemius

Portraitzeichnung des Johannes Trithemius
Chantilly, Musée Condé

Die Deutsche Bibliothek - CIP-Einheitsaufnahme

Kuper, Michael:
Johannes Trithemius : der schwarze Abt / Michael Kuper. -Berlin :
Zerling, 1996
(Reihe Biografie ; 5)
ISBN 3-88468-065-X

1. Auflage Berlin, 1998
ISBN 3-88468-065-X

Titelbild
Trithemius mit seiner Schrift „Libri IV de viris illustris O.S.B.", Deckengemälde im Bibliothekssaal des Klosters St. Peter im Schwarzwald. Bei der Bildunterschrift „Ludovicus Blassius" handelt es sich um eine Verwechselung, die vor einigen Jahren aufgedeckt wurde.
Abdruck mit freundlicher Genehmigung der Bild- und Filmstelle der Erzdiözese Freiburg.

Grafische Gestaltung
Sybille Zerling und Arno Heßling
Rotation-Verlags-Service, Berlin

Druck und Bindung
Offset Druckerei Pohland, Augsburg

Michael Kuper

JOHANNES TRITHEMIUS

DER SCHWARZE ABT

Verlag Clemens Zerling

Inhaltsverzeichnis

Seltsame Beziehungen

„Der Charakter eines Mannes bestimmt sein Schicksal." Dieser denkwürdige Satz des schottischen Dichters Robert Louis Stevenson könnte auch dem spannenden Meisterwerk des Kinos *Act of Violence* als Motto vorangestellt sein. 1948 hatte Regisseur Fred Zinnemann diesen heute nur noch selten gezeigten Kriminalfilm der schwarzen Serie gedreht. Achtunddreißig Jahre später wurde er während der Zinnemann-Retrospektive auf der Berlinale gezeigt. Als junger Doktorand und Schriftsteller freute ich mich sehr auf die alljährlich wiederkehrende schöne Kinozeit und die willkommene Gelegenheit, einer anstrengenden Schreibarbeit über die Kulturgeschichte der Renaissance für kurze Zeit zu entgehen. Im Astor-Kino sah ich mir täglich mindestens einen Zinnemann-Film an und zu meiner großen Begeisterung traf ich dort eines Nachmittags den Meister selbst.

Mutig überwand ich meine anfängliche Scheu einer Kontaktaufnahme, sprach den Regisseur an und lobte seinen 1966 mit Orson Welles gedrehten Streifen *A Man for All Seasons* („Ein Mann zu jeder Jahreszeit") über das Leben des Thomas Morus als meinen persönlichen Lieblingsfilm. Freundlich nahm Mr. Zinnemann das Kompliment an und wir kamen ins Gespräch. Für den nächsten Abend lud ich ihn zum Essen ein und um 19.00 Uhr holte ich den gebürtigen Österreicher vom Savoy Hotel ab.

Beim gemeinsamen Abendessen in einem stillen Restaurant abseits des Berlinale-Trubels kamen wir aufgrund beidseitiger Sympathie erneut schnell ins Gespräch und fachsimpelten über den Film und die Welt. Der 1907 geborene und 1997 verstorbene Zinnemann war sehr aufgeschlossen und lobte meine bescheidenen, lediglich auf gutem Gedächtnis und etwas Beobachtungsgabe beruhenden Kenntnisse über die Geschichte des Kinos. Natürlich fragte ich ihn an diesem Februarabend des Jahres 1986 nach Einzelheiten über die Machart und das Drehen von *High Noon – 12 Uhr Mittags, The Nuns Story, Das siebente Kreuz, Behold a Pale Horse, The Sundowners* oder *The Day of the Jackal* und bekam gut pointierte Anekdoten über diese Meilensteine der Filmgeschichte zu hören. Selbstverständlich drehte sich das Gespräch auch immer wieder um das Meisterwerk über Thomas Morus *A Man for All Seasons* und den von uns beiden so sehr geschätzten Orson Welles in der Rolle des korrupten und machtgierigen Kardinal Wolsey[1].

Als Gaststar für diese bedeutende Nebenrolle im Film war der nicht zuletzt wegen seines schwarzen Humors sowie seines geradezu magisch anmutenden Verwandlungsvermögens bekannte Welles mit viel Gepäck in Form von Seemannskisten und eines Handköfferchens mit falschen Nasen angereist. Zinnemann berichtete von allerlei Späßen und Verblüffung auslösenden Zaubertricks des Multitalents Orson, der am Set immer für Überraschungen gut war. Der Welles-Biograph Joseph Mc Bride erzählt in seinem Buch Details, deren Wahrheitsgehalt Zinnemann mir auf Nachfragen hin ausdrücklich bestätigte. „Als er zum erstenmal in seinen roten Kardinalsgewändern in die Kulisse trat, bemerkte Welles die zu seiner Bekleidung passende scharlachfarbene Draperie des aufgebauten Gemachs. Er bat Zinnemann, den Drehbeginn um einige Minuten zu verschieben. Als er zurückkehrte, stellte sich heraus, daß er dem optischen Eindruck das 'Tüpfelchen aufs i' beigegeben hatte: Durch Anwendung von Tropfen wirkten seine Augen jetzt blutunterlaufen. Das gibt einen großartigen Effekt ab, der die gespenstische Atmosphäre der Szene erhöht“ (Mc Bride, 1982: 143).

Orson Welles in der Rolle des Kardinal Wolsey in Fred Zinnemanns Film
„A Man For All Seasons“ (Ein Mann zu jeder Jahreszeit, 1966)

Das Abendgespräch über *Citizen Kane* wollte kein Ende nehmen, und da ich mich lose mit der Absicht trug, eventuell eines Tages einen Aufsatz oder ein Buch über Welles zu schreiben, bat ich Zinnemann um den Gefallen, den Welles betreffenden Gesprächsteil mit meinem mitgeführten Kleinbandrecorder aufnehmen zu dürfen. Ohne zu zögern willigte Zinnemann ein, und so blieb eine Cassettenseite dieses in deutsch und englisch geführten Gesprächs erhalten, das hier erstmalig in einem markanten Auszug in deutscher Sprache vorgestellt werden soll:

„Manchmal unterhielt Welles, wenn er am Abend in Spiellaune war, die Crew mit Kunststücken, Fabeleien, Tricks und Taschenspielereien. Und dann geschah etwas ganz Besonderes, Seltsames. Kurz vor seiner Abreise nach Paris lockte mich Welles am späten Abend von der Hotelbar weg in eine stille

Ecke des Gastraumes, wo nicht so viele Leute saßen. Er trug eine Holzschachtel unter dem Arm und tat sehr geheimnisvoll. ‘Da Sie das Rätselhafte, Verblüffende und Außergewöhnliche geradeso lieben wie ich, möchte ich Ihnen etwas zeigen, Mr. Zinnemann’, kündigte er salbungsvoll an. Umständlich wurde der Deckel geöffnet. Dann fingerte Welles einen in Glitzerpapier verpackten Gegenstand aus dem braunen Kistchen heraus, löste das Papier ab und legte bedächtig langsam ein uraltes Buch auf den gedeckten Tisch. Triumphierend paffte er an seiner Zigarre und ließ Ringe in die Luft aufsteigen.

‘Sie haben das große Vergnügen eines der merkwürdigsten Bücher der Weltgeschichte betrachten zu dürfen, die unvergleichliche *Steganographia* eines gelehrten deutschen Mönches. Der Mann hieß Trithemius und war ein berühmter Zauberer. Er hat für die erste Kinovorstellung der Weltgeschichte gesorgt und seinem König eine tolle Illusion vor Augen geführt!’

‘Wie hat er das gemacht?’, wollte ich wissen.

‘Mittels optischen Theaters der genialen *camera obscura* [2].’ Vorsichtig und mit einer gewissen Ehrfurcht nahm ich die trotz ihres hohen Alters, sie zählte über 300 Jahre, gut erhaltene Buchrarität in die Hand und blätterte darin herum. Geheimnisvolle Zeichen, Zahlenkolonnen, Buchstabenreihen und mehrere hundert Seiten Text in Latein sprangen mir entgegen.

‘Interessant’, sagte ich, ‘was steht da drin?’

‘Geheimnisse, Zaubertricks und lauter seltsame Dinge über das Verschlüsseln von Nachrichten. Mit praktischen Beispielen und Regieanweisungen, Sir!’

‘Schaut phänomenal aus’, meinte ich.

‘Das ist eine Erstausgabe, Sir, eine echte Rarität wie sie nirgendwo mehr zu finden ist!’

Welles beugte sich vor und flüsterte: ‘Ich könnte Sie Ihnen günstig überlassen, sehr günstig!’

‘Wieviel?’

Maria von Burgund, vermutlich 1500 von Niklas Reiser in Schwaz vollendet
Kunsthistorisches Museum, Wien

Sorgte Abt Trithemius in der ersten zauberhaften Filmvorführung der Welt für das Erscheinen des Geistes der verstorbenen Königsgattin?

'Nur 5 000 $, fast geschenkt', versicherte der ständig in übel kneifenden Geldnöten steckende Orson.

'Ich weiß nicht recht. Was soll gerade ich damit anfangen?'

'Kommen Sie, Zinnemann, geben Sie sich einen Ruck.'

'Ich weiß nicht.'

'Sie können es Ihren Produzenten zeigen und sie so hypnotisieren, daß sie Ihnen in Zukunft alles genehmigen und abnehmen.'

'Nun ja, trotzdem ...'

'Trotzdem was ...? Stellen Sie sich vor: Wolsey selbst soll ein Exemplar besessen haben.'

'Tatsächlich ...?'

'Ja, wenn auch nicht unbedingt dieses hier.'

'Ich verstehe kein Latein.'

'Das gibt sich.'

'Hm, das sagen Sie so einfach.'

'Fred, dies ist eine einmalige Gelegenheit, die nie wieder kommt.'

'Ich spendiere Ihnen lieber noch 'nen Drink und eine Zigarre, wenn Sie mögen, bittschön.'

Orson Welles in „Chimes at Midnight"

'Mr. Zinnemann, bedenken Sie...'

'Lassen's gut sein.'

Ohne äußere Regung packte Welles seinen Bücherschatz wieder ein. Bei der anschließenden Unterhaltung wechselten wir schnell das Thema, was nicht schwierig war. Den Nichtkauf des ominösen Buches, dessen Titel ich mir merken konnte ohne es jemals wiederzusehen, habe ich später sehr bereut, da sich meine Produzenten bei MGM eisenhart weigerten, entgegen allen Vorgesprächen, meinen nächsten Film *Man's Fate* zu produzieren. Was für eine Schande. Manners, bad manners, no manners: Das war ein übler Reinfall. Vielleicht hätte etwas Hypnose doch ein kleines Wunder hervorgebracht? Die Gunst der Stunde blieb einfach ungenutzt. Aber Welles persönlich hatte ja auch selten Glück bei den Produzenten. Das wissen Sie sicherlich, auch wenn es eine andere Geschichte ist."

Soweit zu der Bandaufzeichnung von Zinnemanns Darstellung seines Nachtgesprächs mit Orson dem Prächtigen.

Meine Verwunderung über eine seltsam anmutende Beziehung zwischen Welles und der *Steganographia* des Trithemius, von deren Existenz ich als Experte für die Kulturgeschichte der Renaissance natürlich wußte, ohne sie zum damaligen Zeitpunkt gelesen zu haben, war sehr groß. Trotzdem bleibt mir an jenem denkwürdigem Abend kaum Zeit, dieses Staunen in Worte zu kleiden, da die Unterhaltung mit Fred Zinnemann sich so schnell weiterdrehte. Wir kamen noch darauf zu sprechen, daß Welles Gefallen an Kardinalsroben und der Maskerade mit Mönchskutten (siehe Abbildung als Falstaff in *Chimes at Midnight*, 1966) gefunden zu haben schien. In einer geplanten filmischen Adaption von Tania Blixens Novelle *Die Sintflut von Norderney* wollte Welles einen falschen Kardinal mit echten Einsichten spielen, der sich, als ihm das Wasser der Flut schon bis zum Hals steht, mit der Frage beschäftigt: „Fordert Gott von uns die Wahrheit?"[3]

Diese Frage dürfte naturgemäß auch den Verfasser der *Steganographia*, Schelm in der Kutte, Magieexperten und Meisterfälscher Johannes Trithemius interessiert haben, zwischen dem und Mr. Welles es eine Reihe erstaunlicher Beziehungen und Ähnlichkeiten gibt.

In Gastrollen hatte der Filmgigant Welles immer wieder Magier und Zauberer, Fälscher und Illusionisten dargestellt, zum Beispiel in *Black Magic* (1947), *Get to know your Rabbit* (1972), *Necromancy* (1972) und im berühmten Streifen *F wie Fälschung* (1973). Mit einer gewissen Resignation bemerkte der sich faustisch produzierende Selbstdarsteller, Mystifikator, Künstler und Bluffkünstler Welles: „Alle magischen Effekte von Merlin bis Robert Houdin sind jetzt verfügbar; dennoch ist es noch nicht gelungen, einen magischen Augenblick auf den Film zu bannen" (deutsch zitiert nach Bessy, 1983: 182).[4]

Auch das Bild von Welles als Magier ist nur ein Bild und damit keineswegs echt.[5] Nach Robert Houdins Auffassung ist ein Magier „ein Schauspieler, der die Rolle eines Magiers spielt" (Naremore, 1989: 251). Den das Spiel mit der Maske liebenden Tricksern und Suchertypen wird Exzentrizität leicht zu einer Art zweiten Natur. Der gotisch erscheinende Fausttyp Welles kannte sich ebenso wie der Faustkronzeuge Trithemius in Gefilden der Täuschung gut aus. Als von Arbeitswut, Wissens- und Geltungsdrang besessene Trickspezialisten beherrschten sie die auf Improvisationsfreude, List und Spekulation fußende 'Bluff-Technik' in Form filmischer beziehungsweise literarischer Ausdrucksmittel. Beiden geheimnisumwitterten Männern wuchs zuweilen die eigene Kapriolen schlagende Phantasie über den Kopf, weshalb sie in selbstgestellte Fallen tappten.[6] Beide beherrschten, jeder auf seine eigene visionäre Weise, die hohe Kunst der Mystifikation und ließen lang gehegte Phantasien Wirklichkeiten werden.

Freimütig und doch geheimnisvoll gesteht der Erzähler, Mystifikator und Reiseführer durch die Welt der Fälschungen Welles in seinem ironischem Filmessay *F for Fake* („F wie Fälschung") über Kunstfälscher und Fälscherkünstler: „Ich bin ein Scharlatan. Wozu wäre ich früher Zauberer gewesen? Dieser Film handelt von Tricks, Betrügereien, Lügen ... Zu Hause, auf der Straße oder im Kino erzählt, erweist sich fast jede Geschichte zwangsläufig als Lüge. Diese hier nicht. Alles, was Sie in der folgenden Stunde sehen werden, ist unverbrüchlich wahr!"

Eine Stunde und viele Takes und Fakes später gibt der Filmmagier allerdings zu: „In Wahrheit haben wir, der Zuschauer möge uns das nachsehen, diese Geschichte gefälscht! Meine Aufgabe als Scharlatan war es, sie wahr zu machen. Obwohl natürlich die Wirklichkeit hier nichts zu suchen hat. Die Wirklichkeit? Eine Zahnbürste, die sie zu Hause erwartet, ein Busfahrer, die Lohntüte, das Grab."

Hinter jeder Fälschung steckt ein kreativer Geist beziehungsweise Abt, wie noch zu zeigen sein wird. „Image" ist ein Anagramm von Magie!

1 Der englische Kardinal und Staatsmann Thomas Wolsey war der Sohn eines reichen Fleischhauers aus Ipswich. Er studierte in Oxford, wurde Priester, sammelte Pfründe und wurde bestechlicher Beichtvater von König Heinrich VII. Als eitler Pfau und Ränkeschmied machte er sich schnell durch seine Rücksichtslosigkeit und Machtgier bekannt. Auch unter König Heinrich VIII. war Wolsey in diplomatischen und geheimen Missionen tätig. 1515 wurde der Bistumsammler Wolsey Kardinal und schließlich der die Außenpolitik mitbestimmende Lordkanzler von England. Mittels aktiver Geheimpolitik versuchte Wolsey 1521 und 1523 vergeblich, die Papstwahl zu eigenen Gunsten zu entscheiden. Sein Niedergang begann, als er den amtierenden Papst in der verhängnisvollen Scheidungsangelegenheit Heinrichs VIII. auch nach zweijähriger Verhandlungsdauer nicht auf die Seite des Königs ziehen konnte. Unter Einzug seines Vermögens und seiner Ländereien wurde Wolsey als Lordkanzler abgesetzt und 1530 des Hochverrats angeklagt. Er starb kurz vor Beginn des Prozesses, der ihn den Kopf gekostet hätte.

In der angelsächsischen Folklore genoß Wolsey keinen guten Ruf und war als Intrigant und Magier verschrien, dem man weitreichende Kenntnisse in der Schwarzen Kunst unterstellte und trickreiche Teufeleien zutraute. (vgl. Thomas, 1991: 78).

2 Über das magisch anmutende Illusionsspiel der *camera obscura* als optisches Theater schreibt Tom Gunning in seinem Aufsatz „Der frühe Film und das Okkulte" (Gunning, 1995: 558): „Die Vorläufer des Films finden sich in der Renaissance, als sich okkulte Traditionen mit den Anfängen der modernen Wissenschaft im Wissen um die natürliche Magie vermischten. Die erste Untersuchung der optischen Phänomene, die man als Ahnen des Kinos bezeichnen kann, der *camera obscura* und der *laterna magica*, verstand diese optischen Wunder als Demonstrationen natürlicher Magie, jenes Zweigs der Magie, der die natürlichen Eigenschaften der Schöpfung beeinflußt, im Gegensatz zur dämonischen Magie, die sich auf Geheiß des Magiers an übernatürliche Kräfte wendet. Giam Battista della Porta beschreibt in seinem Werk *Magiae naturalis sive de miraculis rerum naturalium* (1589) detailliert ein auf der *camera obscura* basierendes optisches Theater. Der Ahne des modernen Projektors, die *laterna magica*, wurde von Wissenschaftlern und Forschern der Renaissance wie dem Jesuiten Athanasius Kircher und Christian Huygens erklärt und vervollkommnet, indem sie die rein naturwissenschaftlichen Aspekte dieses Instruments hervorhoben, um jeden Verdacht der Schwarzen Magie zu zerstreuen. Das Adjektiv 'magisch' blieb an dem Apparat jedoch haften. Vorführungen der *laterna magica* beschworen häufig eine

Atmosphäre des Geheimnisvollen; so gab es Vorführungen, in denen scheinbar die Geister sichtbar wurden."

3 Welles Filmprojekt blieb mangels Produzentengeld leider unrealisiert. Der vielfache Oscar-Preisträger Fred Zinnemann wurde von MGM bis drei Tage vor Drehbeginn mit leeren Versprechungen hingehalten.

4 „Der größte Zauberer würde der sein, der sich zugleich so bezaubern könnte, daß ihm seine Zaubereien wie fremde Erscheinungen vorkämen", schrieb der romantische (Selbst-) Verzauberer Novalis im 18. Jahrhundert.

5 Auch der heutige Trithemianismus hat sich mit unechtem Strandgut herumzuschlagen. Bezeichnenderweise tauchte nach Auskunft des Trithemius-Biographen Arnold (1991: 293) noch zu Anfang der 70er Jahre ein angeblich von Grünewald stammendes Bildnis des Benediktiners Trithemius auf, bei dem es sich mit 99% iger Wahrscheinlichkeit um eine Fälschung handeln dürfte.

6 Welles geschah dies mit dem fast seine künstlerische Karriere ruinierendem Film *Citizen Kane* und Trithemius mit der Erfindung des ihm nur Scherereien als falsche Quelle bereitenden Pseudochronisten Hunibald. Im Ringen um Selbstbehauptung hatten beide auch gegen Verleumdungen zu kämpfen, die Feinde und Neider ausgestreut hatten.

Literatur:

Arnold, Klaus: *Johannes Trithemius* (1462-1516), Würzburg 1991

Bessy, Maurice: *Orson Welles*, München 1983

Gunning, Tom: Der frühe Film und das Okkulte, in: *Ausstellungskatalog Okkultismus und Avantgarde: Von Munch bis Mondrian 1900-1915*, Ostfildern 1995

Kuper, Michael: Der Filmmagier Orson Welles. In Vorbereitung

Mc Bride, Joseph: Orson Welles: Seine Filme – Sein Leben, München 1982

Naremore, James: The Magic World of Orson Welles, Dallas 1989

Pollard, A. F.: Wolsey, London 1929

Reihe Film 14: Orson Welles. Mit Beiträgen von Peter Buchka, Urs Jenny u. a., München 1977

Thomas, Keith: Religion and The Decline of Magic, London 1971, 1991

Zinnemann, Fred: An Autobiography, London 1992

I

Frühe Aktivitäten

„Johannes Trithemius, Abt von Sponheim und von St. Jakob in Würzburg, hat einen guten Namen als hervorragender Vertreter des frühen deutschen Humanismus. Die Tatsache, daß er der Geschichtsfälschung und nekromantischer Künste – teils zu Recht, teils zu Unrecht – verdächtigt wurde, vermag das Interesse an Leben und Werk allenfalls noch zu erhöhen" (Arnold, 1973: 1), urteilte der Historiker und Biograph Klaus Arnold nach jahrelanger Beschäftigung mit dem nicht so einfach zu fassenden Phänomen Trithemius.

Am 1. Februar 1462 wurde Johannes Trithemius in dem am linken Moselufer gelegenen Dorf Trittenheim ungefähr eine halbe Stunde vor Mitternacht als Sohn des freien Winzers Heidenberg geboren. Über seine Eltern und die frühe Kindheit ist wenig bekannt. Wahrscheinlich lebten und arbeiteten die Eltern als nicht mehr leibeigene Weinbauern in Trittenheim.

Als der Knabe ein Jahr alt war, verstarb der Vater. Nach sieben Jahren heiratete die Witwe erneut. Der Stiefvater namens Zeller oder Zell, ein kaltherziger Mann, führte ein strenges Regiment. Mit harter Hand wurde der Junge gegängelt und gewaltsam vom Lernen abgehalten. Johannes' Mutter Elizabeth gebar mehrere Kinder, von denen jedoch nur ein Knabe am Leben blieb.

Zu seinem Halbbruder Jakob hatte Trithemius Zeit seines Lebens ein gutes Verhältnis. Der Lerneifer des Älteren trieb auch den Stiefbruder zum Studium. Jakob erhielt einen Teil seiner Ausbildung von seinem Bruder und lebte ebenfalls im Kloster Sponheim, einer Bildungs- und Bücherhochburg von

Rang. 1502 wurde Jakob zum Magister an der Artistenfakultät der Universität Trier promoviert. Zwei Bücher seines Briefwechsels mit einem Teil der Korrespondenz aus den Jahren 1505-1507 widmete Trithemius später seinem ihn auch manchmal auf Reisen begleitenden Bruder Jakob.

Der Stiefvater scheint ein übler Grobian und ungebildeter Klotz gewesen zu sein, der die geistige Entwicklung des Jungen behinderte statt sie zu fördern. Mit fünfzehn Jahren war Johannes immer noch Analphabet, obwohl ihn das Verlangen nach Wissen schier verzehrte. Heimlich und gegen den Willen der Verwandten übte er das Buchstabieren und Schreiben einzelner Wörter bei Nacht. Ein Dorfbewohner mit etwas Bildung hat ihn dabei zeitweilig unterstützt.

Schon früh war Johannes für das den Alltag verklärende Visionäre empfänglich. Ein wunderbares Traumgesicht, von ihm selbst nachträglich als besondere Gnadenerfahrung und Initiation in die Möglichkeiten der Wissensgewinnung gewertet, bestärkte den Jungen in seinem allen Schwierigkeiten trotzenden Bemühen um die Erlangung von Bildung:

„Ein ganzes Jahr lang hat er sich mit Fasten und Beten ständig zwei Dinge besonders von dem Herrgott mit größter Eindringlichkeit gewünscht; das eine davon war die Kenntnis der Schriften, von dem anderen hat er gesagt, er habe es nie jemandem mitgeteilt. In einer Nacht hat er nämlich im Schlaf einen Jüngling in weißem Gewand dastehen sehen, der zwei Tafeln in den Händen hielt, von denen die eine mit Buchstaben beschrieben, die andere mit irgendwelchen Bildern bemalt war, und der sagte zu ihm: Wähle dir von diesen zwei Tafeln eine, welche du willst. Er aber hat gleich aus Liebe zu den Wissenschaften – die er bis zu jener Zeit aber noch gar nicht kannte – und während ihm beim Schlafen heiß wurde, jene Tafel gewählt, die beschrieben zu sein schien. Darauf sagte ihm der Jüngling, der ihm erschienen war: Siehe, Gott hat deine Gebete erhört und wird dir beide Wünsche erfüllen und noch viel mehr als du fordern konntest. Am nächsten Tag wurden ihm, der sich über diese Vision keine Gedanken machte, durch eine wunderbare Gelegenheit die Anfangsgründe der Wissenschaften zuteil. Eine Zeitlang hat er sich nämlich in diesem Dorf heimlich mit der Schrift bemüht, weil er es öffentlich aus Furcht vor den Eltern nicht wagte. Das Alphabet, das Gebet des Herren mit dem Gruß des Engels, auch das apostolische Bekenntnis, die Beichte am Altar, die Weihe von Speise und Trank hat er in sieben Tagen vollkommen erlernt und dem Gedächtnis dauerhaft eingeprägt. Auch Bücher in deutscher Sprache hat er nachher in einem Monat aus sich selbst geläufig lesen gelernt. Als aber seine Freunde und besonders die Pfarrer ein solches Talent und die große Liebe eines jungen Mannes zu der Wissenschaft sahen, haben sie seinem Onkel, Peter von Schönberg, einem gereiften und ernsten Mann, zugeredet, er möge in Erfahrung bringen, wodurch eine so heftige Begierde nach Wissen in ihm zum Vorschein gekommen sei. Dieser war damit einverstanden und machte sich als Onkel zum Vormund des jungen Mannes, obwohl der Stiefvater Einspruch erhob, legte sich ins Mittel und hatte bald die gleiche Meinung wie der Stiefvater. Aber wieviel Schläge, Beschimpfungen, Schmähungen mußte der unschuldige Jüngling von seinem Stiefvater aushalten, wieviel Tränenbäche hat der Bedrängte vergossen, bevor er dessen Joch, das grausamer als jede Sklaverei war, entfliehen konnte. Er floh also schließlich aus seinem stiefväterlichen Haus, so wie die Juden aus Ägypten zogen, und zog drei Tage lang aus Liebe zu den Wissenschaften durch die Wüste" (CHRONIKON SPANHEIMENSE, 1969: 197f).

Weitere autobiographische Angaben des später so berühmten Mannes über seine Kindheit und Jugend sind nur dünn gesät, als sei es dem Erinnernden lästig gewesen, der niederen Herkunft und „profanen“ Jugendzeit vor dem Eintritt in die Klosterwelt in seinen Aufzeichnungen von 1507 Raum zu widmen.

Kaum hatte der Jugendliche sein Heimatdorf und den garstigen Stiefvater verlassen, steuerte er in Absolvierung des ersten Tages in der Wüste das nächste städtische Bildungszentrum an: die alte Römerstadt Trier. Seine Lateinkenntnisse dürfte der lernbegierige Johannes in Trier erworben haben, wo er auch nicht näher spezifizierte Studien aufnahm. Den von ihm gehaßten Namen seines Stiefvaters wollte der junge Mann nicht tragen, deshalb ersann Johannes, der vorherrschenden Humanistenmode gemäß, einen kunstvoll klingenden Beinamen und nannte sich fortan nach seinem latinisierten Geburtsort 'Joannes Tritemius'.

Nach einer nicht näher erläuterten Wanderschaft mit Studienaufenthalt durch die Niederlande (zweiter symbolischer Tag der Wanderung durch die weltliche Wüste) landete Trithemius schließlich in Heidelberg, einem deutschen Zentrum humanistischen Gedankengutes. Die Buchbestände der Universität zu Heidelberg garantierten jedem Studenten lange Lesetage und papierfüllendes Exzerpieren. Über die Verweildauer des wissenshungrigen Trithemius in Heidelberg weiß man nur wenig. Sein Interesse an Sprachen war geweckt und wollte gefördert sein. Ein armer getaufter Jude ohne Namenserwähnung soll den Studenten Trithemius in Heidelberg in hebräischer Sprache unterrichtet haben. Dieser Mann hat sich nach Auskunft des Geförderten dann später mit dem berühmten Gelehrten Johannes Reuchlin, der auch Griechischstunden gab, in der Unterrichtung des Trithemius im Kloster Sponheim abgewechselt. Von Reuchlin empfing Trithemius immer wieder anregende Impulse.

Hilfreiche Förderung bei seinen Sprachstudien, besonders was die Griechischkenntnisse betraf, erfuhr der junge Johannes durch den berühmten Poeten und Humanisten Konrad

Konrad Celtis, Holzschnitt von Hans Burgkmair, 1508

Celtis, zu dem er in die Zukunft weisende freundschaftliche Bande knüpfte.

Im Jahr 1481 war der Humanist Jakob Wimpfeling, ein weiterer guter Bekannter des Studenten Johannes, Rektor der Heidelberger Universität geworden. Als Dozent und bildungsoptimistischer Pädagoge hatte er einen großen Einfluß auf den wissenshungrigen Trithemius. Die beiden Gelehrten blieben lebenslang verbunden, auch wenn es in späteren Jahren Streit gab.

Jakob Wimpfeling und seine Schüler im Streit mit Thomas Murner, Titelholzschnitt der „Defensio Germaniae", Freiburg 1502

Der bedeutendste Förderer des Studenten und späteren Abtes Trithemius war der Wormser Bischof Johann von Dalberg, ein großer Mentor der humanistischen Gelehrtenzirkel am Oberrhein. Von neuen Ideen und alten Sprachen begeistert, knüpfte Dalberg mit den zuvor genannten Gelehrten und Dichtern freundschaftliche Beziehungen. Seit 1480 wirkte dieser außergewöhnliche Mann auf dem Bischofsstuhl, der Autor und Büchersammler, auch als Kanzler der Universität Heidelberg.

Der autodidaktisch fähige und auch von Natur aus begabte Trithemius hatte das Glück, in Heidelberg die Bekanntschaft einiger hervorragender Männer der älteren Humanistengeneration zu machen, die überwiegend, wie ihr Schützling, selbst aus ärmlichen Verhältnissen stammten. Von diesen Aufsteigern erhielt er Zuspruch und Anregungen für seine breitgefächerten Studien. Gerade diese früh geknüpften sozialen

Beziehungen des Trithemius mit Gelehrten und Dichtern weisen den Humanismus als Bildungsbewegung aus.

Wesentliche Impulse empfing Trithemius durch das humanistische Werk und Schaffen des Italieners Pico della Mirandola (1463-1494). Dieser Mann nimmt in der Geschichte des abendländischen Denkens den Platz eines hervorragenden Religionsphilosophen der Renaissance im Italien des 15. Jahrhunderts ein. Für die vorreformatorische Zeit kann Picos Einfluß auf den religionsphilosophischen Diskurs nördlich der Alpen kaum überschätzt werden.

Neben seinem Lehrer, Freund und Förderer Marsilio Ficino ist Pico der bedeutendste und originellste Vertreter des revitalisierten Platonismus. Ebenso wie Ficino, mit dem er nicht immer einer Meinung war, glaubte Pico an die Vereinbarkeit der platonischen Lehre mit der christlichen Theologie. Bereits mit sechzehn Jahren kam Pico in Kontakt mit der von Ficino geleiteten Platonischen Akademie zu Florenz. In den Jahren 1480-1486 studierte er in Padua, erneut in Florenz und später auch in Paris. Dank seines ausgezeichneten Gedächtnisses, seiner Sprachbegabung und Wißbegier machte er sich schnell einen Namen als kunstfertiger Mann mit beachtlichen Talenten.

Starke Anregung empfing Pico auch durch den Neuplatonismus von Plotin und Proklos. Einfluß auf Picos Denken hatte unter anderem auch Pythagoras, Empedokles, Demokrit, der Araber Alkindi und der um die Erweiterung der Grenzen des Wissbaren bemühte Franziskaner Roger Bacon *.

Pico war der griechischen, arabischen und hebräischen Sprache mächtig. Zunehmend interessierte ihn die Kabbala als jüdische Geheimtheologie. 1486 verkündete Pico, seine 900 Thesen enthaltene *Conclusiones philosophicae, cabalisticae et theologicae*,

* Vgl. meine Biographie über den Meister der Zeichen: Michael Kuper, *Roger Bacon – Der Mann, der Bruder Williams Lehrer war,* Berlin 1996, Verlag Clemens Zerling.

Giovanni Pico della Mirandola, zeitgenössisches Porträt eines unbekannten Malers

die das gesamte Wissen seiner Zeit enthalten sollten, in einem wissenschaftlichen Rededuell gegen Jedermann verteidigen zu wollen. Zu dem Turnier kam es jedoch nicht, da dreizehn Thesen auf päpstlichen Einspruch hin als häretisch verurteilt wurden. Pico floh nach Frankreich und wurde dort kurzzeitig inhaftiert. Nach Intervention von Lorenzo de Medici konnte er wieder nach Florenz zurückkehren, wo er bis zu seinem frühen Tod an der Platonischen Akademie verblieb. Im Jahr 1492 schrieb er die philosophische Abhandlung *De Ente et Uno*, ein wichtiges Werk neben der *Oratio* aus dem Jahr 1486. Neben anderen Schriften entstand noch 1492 das astrologiekritische Werk *Disputationes adversus astrologos*.

Picos platonisch-christliche Anthropologie und Kosmologie beeinflußte neben anderen Persönlichkeiten Faber Stapulensis, Johannes Reuchlin, Konrad Peutinger, Erasmus von Rotterdam, John Colet, Robert Fludd, Pietro Galatino, Charles de Bouelles, den Abt Trithemius und besonders stark dessen vielseitigen Schüler Heinrich Cornelius Agrippa von Nettesheim*. „Seine Widersacher hätten gerne einen Zauberer aus ihm gemacht, weil sie nicht begreifen konnten, wie er bey so jungen Jahren eine so gar sonderbare Erkänntniß fast in allen Wissenschaften hatte sich erwerben können. Daseinige hat insonderheit den neuen Gelehrten an ihm nicht gefallen wollen, daß er auf die Cabbala so viel gehalten“ (Zedlers Lexikon, Bd. 28, 1741).

Wahrscheinlich hat der große Reuchlin dem jungen Trithemius nicht nur Griechischkenntnisse sondern auch Picos Gedankengut nahegebracht. 1490 war der um die Vervollkommnung seiner Sprachkenntnisse und kabbalistischen Studien bemühte Reuchlin während einer Italienreise Pico sogar persönlich begegnet. Picos nicht zu brechender Bildungsoptimismus sprang auf alle jene über, die einmal näher mit ihm zu tun gehabt hatten.

Das Verlangen nach Wissen war der Antrieb für die Bildungspilgerschaft des Trithemius. Gern studierte er die griechischen Klassiker, beschäftigte sich mit Homers *Ilias* und den Fabeln

* Vgl. meine Biographie Michael Kuper, *Agrippa von Nettesheim – Ein echter Faust*, Berlin 1994, Verlag Clemens Zerling.

des Aesop. Diese Texte kopierte er 1496 handschriftlich als Abt und versuchte auch, sie seinen Mönchen im Kloster Sponheim als Bildungsgut ans Herz zu legen.

Stark war die Liebe zum Buch im Wesen des jungen Studenten herangereift. Die heilsame Kraft von Erkenntnis und Weisheit läßt sich aus Bücherschätzen ziehen, gewissermaßen als Ernte mühsamer Studien. Wer sie besitzt, ist nach der Meinung von zeitgenössischen Vertretern der humanistischen Buchkultur „gegen alles Gift gefeit. Du himmlische Gabe der göttlichen Güte, die du vom Vater der Lichter herunterstiegst, um die vernünftige Seele bis in den Himmel zu heben, du bist die himmlische Speise des Geistes; wer von dir isset, den hungert stets nach dir; und wer von dir trinket, den dürstet stets nach dir, du bist erheiternde Musik für ein betrübtes Herz, und wer dich hört, verzweifelt nie; du bist das Maß und die Regel eines jeglichen Tuns, und wer an dich sich hält, kann sie nicht verfehlen. Durch dich regieren die Könige und setzen die Schöpfer der Gesetze das Recht; du befreist die Menschen von der angeborenen Roheit, verfeinerst ihr Denken und Reden und rodest in ihnen das Dornengestrüpp der Laster mit allen Wurzeln aus“ (Philobiblon, 1989: 17f).

Sein wundersames und auch an Luthers Konversion erinnerndes Bekehrungserlebnis für die geistliche Lebensführung will der knapp zwanzigjährige Student Johannes Heidenberg alias Trithemius laut Selbstbeschreibung folgendermaßen erlebt haben: „Ebenfalls in diesem Jahr (1482) ist Johann Trithemius, der spätere Abt in diesem Kloster, auf eine recht wundersame und unbeabsichtigte Weise Mönch geworden, wobei es folgendermaßen zuging: Als er sich von Heidelberg mit einem Scholaren als Begleiter nach seiner Vaterstadt auf den Weg befand, hat er das hiesige Kloster, weil es am Wege lag und sein Gefährte ihm nicht nur zuredete, sondern ihn eher dazu drängte, es anzusehen, am 25. Januar morgens gegen 9 Uhr betreten und hat sich, nachdem er gefrühstückt hatte – an nichts weniger als an einen Orden denkend – wieder auf den Weg gemacht, um ihn fortzusetzen. Als die beiden, des Weges unkundig, zu dem Berg vor dem Dörflein Bockenau gekommen waren, entstand plötzlich eine ungeheure Zusammenballung der Wolken und ein heftiger Sturm, der nicht allein den Fußsteig verstellte, sondern auch, weil er gegen das Gesicht peitschte, die Augen beinahe blind machte. Als sein Wegbegleiter riet, zu dem Kloster zurückzukehren, weil man nicht mehr vorwärts kommen könne, antwortete Trithemius: 'Man soll sich sehr in Acht nehmen, rückwärts zu gehen – gehen wir lieber vorwärts, so gut wir können!' Als sie aber im Schutz eines Baumes bis gegen drei Uhr auf das Ende des Sturmes gewartet hatten, sagte Trithemius, weil der nur noch zugenommen hatte, zu seinem Begleiter: 'Wir müssen wieder zu dem Kloster zurückkehren, und Du wirst sehen, daß ich dort bleiben werde!' Das zu sagen, hat ihm, ich weiß nicht welcher Geist, eingegeben, denn er selbst hat keineswegs, während er das sagte, an den Eintritt in eine Ordensgemeinschaft gedacht. Nicht mit Absicht also, sondern gezwungen ist er an diesen Ort im Jahr und am Tag, der oben steht, und entsprechend dem Wort, das er unwissend gesagt hat, dort geblieben. Veranlaßt durch das Zureden unseres Priors Heinrich von Holzhausen hat er seinen Sinn geändert, hat am Tag Mariae Reinigung das weltliche Gewand ausgezogen, und am Tag unseres Vaters St. Benedikt ist er Novize geworden. Im gleichen Jahr, am Fest Mariae Empfängnis, hat er mit drei anderen das Gelübde entsprechend der Regel abgelegt" (CHRONIKON SPANHEIMENSE, 1969: 195).

Und schon wieder erlaubten die klaren Zeichen des Himmels keinen Zweifel an der Richtigkeit des einzuschlagenden Weges oder an der Auserwähltheit des zur Ein- und Umkehr gezwungenen Trithemius, der sich überraschend schnell von der Mehrzahl der weltlichen Dinge verabschiedete.

II

Vom Mönch zum Bücherpapst und Schriftsteller

„Die alte Welt erneuern, das ist der tiefste Trieb im Wunsch des Sammlers ...", mutmaßte der Bücherphilosoph Walter Benjamin in seinem Essay „Ich packe meine Bibliothek aus ...". Eifrig wollte sich der später als Büchersammler so berühmte Trithemius in Erfüllung seiner jugendlichen Studienträume auf alte Schriften der christlichen Mönchsmystik stürzen, doch er fand bei einem ersten Inspektionsgang im Kloster Sponheim noch nicht einmal fünfzig Bücher vor. Waren Klöster ohne Bücher nicht so unvollständig wie Bäume ohne Blätter oder eine Festung ohne Waffen? Im Stillen hoffte der Neuankömmling auf bessere Zeiten und Abhilfe bei Gelegenheit.

Kloster Sponheim, nach einem Stich von Merian

Vom Frieden, der Stille und Abgeschiedenheit des Klosters im Hunsrück in der Nähe von Kreuznach war der Student sehr angetan. Am Lichtmeßtag 1482 legte der zwanzigjährige Student Trithemius nach einer Woche Bedenkzeit und Aufenthalt im Kloster Sponheim seine weltliche Kleidung ab und die Klostertracht an. Am 21. März, dem Tag des heiligen Benedikt, wurde er Novize und am 21. November legte er nach eifrigem Studium der Bibel sowie intensiver Meditation die Ordensgelübde der Benediktiner ab.

Im Sommer 1483 verfügte eine bischöfliche Order die Versetzung des alten Abtes Johann von Kolenhausen nach Seligenstadt in ein anderes Kloster. Nach dreitägigem Fasten und Gebeten sollte am 29. Juli ein neuer Abt gewählt werden. Zur Überraschung vieler Anwesender fiel die Wahl auf den gerade erst neun Monate als Mönch lebenden Trithemius. Der junge Mann nahm die Herausforderung an und empfing am Festtag Mariä Himmelfahrt die bischöfliche Bestätigung, auf die am 9. November eine in der Kirche des Klosters St. Jakob zu Mainz abgehaltene feierliche Amtseinführung folgte.

Unter dem Abt Trithemius sollte das verschlafene Kloster St. Martin zu Sponheim seine bedeutendste Zeit erleben, um nach dessen Resignation faktisch wieder in Bedeutungslosigkeit zurückzufallen. Gewissenhaft kümmerte er sich zunächst um die total marode Verwaltung der heruntergewirtschafteten Abtei. Nur mit Geduld und Mühe ließ sich die mönchische Selbstorganisation wieder in Schwung bringen. Trithemius überprüfte die Verzeichnisse des klösterlichen Grundbesitzes und veranlaßte neue Zinsregister anzulegen. Vor Streitereien mit abgabepflichtigen Bauern schreckte der seinerseits bauernschlaue Mann nicht zurück. Erstaunlich schnell setzte er die Klosterwirtschaft wieder in Gang. Die Mönche ermahnte Trithemius zu strenger Disziplin, Besitzlosigkeit und gewissenhafter Einhaltung der Ordensregel, was nicht immer gern gehört wurde.

Zu den Abtspflichten gehörte im Sommer 1483 ein Besuch des neuen Vorstehers beim in Erfurt tagenden Generalkapitel der Bursfelder Reformunion, der das Kloster St. Martin zu Sponheim seit 1469 angehörte. Diese „Reform der Kirche an

Haupt und Gliedern wurde in der ersten Hälfte des 15. Jahrhunderts zum allgemein anerkannten Programm. Auf den Reformkonzilien von Konstanz (1414-1418) und Basel (1431-1449) wurde das kirchliche Leben geordnet und in neue Bahnen gelenkt. Die Frömmigkeit hatte freilich bereits im 14. Jahrhundert durch die Mystik wesentliche Antriebe zur Verinnerlichung des Glaubenslebens erhalten" (Perlitt, 1994: 17).

Dem Neuankömmling bereitete man einen freundlichen Empfang, und er zeigte sich von den dargelegten Zielen der Reformunion sehr rasch begeistert. Fortan stellte er seinen Bildungsoptimismus, seine Redner- und schnelle Auffassungsgabe in den Dienst dieser Bewegung, die er später als Schriftsteller sogar in prägender Weise vorantrieb. Ab 1489 war Trithemius dann als Klostervisitator für die Reformunion tätig, was seiner Büchersammlung sehr zugute kam, da der Abt auf seinen zahlreichen Reisen vor Ort auch gleich die Bibliotheken inspizierte. In der Praxis mag dies, wie im Handbuch *Philobiblon oder über die Liebe zu Büchern* beschrieben, ausgesehen haben: „Wenn wir aber in Städten vorbeikamen, in denen die genannten Bettelmönche Klöster hatten, war es uns keineswegs zu wenig, ihre Schränke und andern Bücherbehältnisse zu besichtigen; gerade dort, in der größten Armut, fanden wir den größten Reichtum an Wissen gehortet. Wir entdeckten in ihren Bettelsäcken und Körbchen nicht blosse Brosamen, wie sie von der Herren Tisch fallen für die Hündlein, sondern die ungesäuerten Schaubrote, das Brot der Engel, das besser schmeckt als alles, ja die vollen Speicher Josephs, den ganzen Vorrat Aegyptens und die reichen Geschenke, welche die Königin aus Saba Salomo dargebracht hat.

Diese Mönche sind gleich den Ameisen, die in der Ernte emsig sammeln, und den klugen Bienen, die immerfort ihre Honigwaben bauen; sie sind die Nachfolger Bezaleels 'erfüllt mit Weisheit, zu machen allerlei Werk in Gold, Silber und

Johannes verzehrt das Buch, Albrecht Dürer, 1498

Edelstein' zum Schmuck des Tempels der Kirche" (Philobiblon, 1989: 122f.).

Schon nach kurzer Zeit hatte Trithemius auf der Pirsch die Klosterbibliotheken von Kreuznach, Mainz, Köln, Trier, Fulda, Weißburg, Frankenthal, Hirsau etc. durchstöbert. Den Mönchen vor Ort kaufte er interessante Bücher und Handschriften über Theologie, Astronomie, Philosophie, Musik,

Rhetorik und Geschichte ab oder unterbreitete entsprechende Tauschangebote. Rasch eilte Trithemius der Ruf voraus, ein echter „bibliophagus", ein Bücherfresser von ungeheurem Appetit zu sein. Manche Rarität wurde ihm auch geschenkt oder zum Kopieren geliehen. Als wäre das von Trithemius geschätzte *Philobiblon* die Vorlage beziehungsweise aus heutiger Sicht das Drehbuch für die kommenden Aktivitäten gewesen, begann eine in der deutschen Kirchengeschichte einmalige Bücherjagd: „In den berühmten Klöstern öffnete man uns die Schränke und schloss ebenso die Truhen wie die kleinen Kästchen auf. Da erwachten nun staunend die Bände, die während langen Zeiten in ihren Grüften geschlummert hatten; Strahlen neuen Lichts ergossen sich über sie, die in dunklen Verliessen gelegen hatten. Einst prächtige Stücke, waren sie nun entstellt und abscheulich anzusehen; mit Mausdreck übersät, vom Wurmfrass durchlöchert, lagen sie da wie tot. Einst in Purpur und köstliche Leinwand gekleidet, sahen sie aus wie Büßer in Sack und Asche, Opfer der Vergessenheit, Heimstätten der Motten. Und doch sassen wir, wenn wir uns die Zeit dazu stehlen konnten, in ihrer Mitte mit grösserem Entzücken als ein eleganter Arzt im duftenden Salbenladen; denn hier fanden wir Ziel und Nahrung für Liebe.

So gelangten die heiligen Gefäße der Wissenschaft zu freier Verfügung in unsere Hände, die einen als Geschenk, die anderen als Kauf und manche als Leihgabe auf einige Zeit" (Philobiblon, 1989: 111f.).

Nach eigener Auskunft nahm der zweiundzwanzigjährige Trithemius am 21. September 1484 seine Arbeit als Schriftsteller auf, und zwar in Ausübung seiner Aufgaben als Seelenhirte für die Sponheimer Mönche. Zunächst exzerpierte er für Predigten nützliche Stellen aus den Schriften der alten Kirchenväter, die er sich überwiegend erst noch besorgen mußte. Eifrig studierte der Abt die Heilige Schrift sowie die Meinungen und Lebensläufe berühmter Religionslehrer und Heiliger. Seine Fähigkeiten als Autodidakt kamen ihm dabei entgegen. Oft studierte er bis weit in die Nacht hinein und schnell keimte der Entschluß, eine richtige Klosterbibliothek zur Förderung von Studien, Lehrtätigkeit und Schriftstellerei anzulegen. Streben nach Bildung und Weiterbildung waren dem wißbegierigen Trithemius ein Herzensanliegen und Antrieb für die eigene geistige Entwicklung. Lesen und das Sammeln von Büchern wurden seine ausgeprägte Leidenschaft, auf die er nie verzichten wollte. Rasch gewann er eine außerordentliche Belesenheit, deren Früchte er in die Ansprachen an seine Mönche einbrachte.

Nahezu gleichzeitig richtete Trithemius seine vielseitigen Interessen in mehrere, teilweise sogar gegensätzliche Richtungen aus. „Er liebt und liest die alten Kirchenväter und Schriftsteller des Mittelalters, ist aber gleichzeitig ein Freund und Förderer der humanistischen Studien, so daß er nicht nur das Lateinische treibt und schreibt, sondern sich auch dem Hebräischen und Griechischen, Byzantinischen zuwendet, und bereits für alte Denkmäler der Muttersprache Verständnis aufbringt. Er kennt und bekämpft die Schwächen der damaligen abendländischen Kirche, bleibt ihr indessen treu. Er verwirft Zauberei, Magie, Astrologie und Alchemie, kann sich trotzdem den Einflüssen der okkulten Wissenschaften nicht entziehen. Er behauptet und versucht ein wahrheitsliebender, gewissenhafter historischer und literaturkundlicher Autor zu werden und zeigt eine von seiner eigenen Bibliothek und auf vielen Bibliotheksreisen gespeiste außerordentliche Quellenkenntnis, aber ist sehr häufig unkritisch, irrt sich und ist flüchtig, ja er verfälscht, verwechselt und erfindet Texte. Seine Verstöße gegen die Wahrhaftigkeit haben dem Nachruhm des, wie gesagt, oft wahrheitsliebenden Schriftstellers außerordentlich geschadet" (Lehmann, 1961:4).

Einer der ersten eigenen schriftstellerischen Versuche aus dem Jahr 1484 war den Tugenden gewidmet. Er landete im Feuer und wurde im Jahr darauf durch einen zweiten, *Summa de vitiis et virtutibus* betitelten Versuch ersetzt, der heute verschollen ist.

Ein frühes Werk stellt die 1486 zu Predigt- und Erbauungszwecken beendete Mahnschrift *Sermones vel exhortationes ad monachos* dar, die 1516 gedruckt in Straßburg erschien und in den theologischen Zentren Paris, Löwen und Florenz Neuauflagen erlebte.

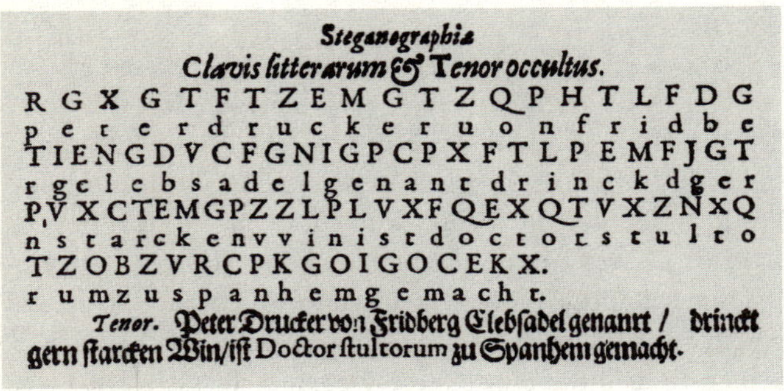

Steganographia
Clavis litterarum & Tenor occultus.
R G X G T F T Z E M G T Z Q P H T L F D G
p e t e r d r u c k e r u o n f r i d b e
T I E N G D V C F G N I G P C P X F T L P E M F J G T
r g c l e b s a d e l g e n a n t d r i n c k d g e r
P V X C T E M G P Z Z L P L V X F Q E X Q T V X Z N X Q
n s t a r c k e n v v i n i s t d o c t o r s t u l t o
T Z O B Z V R C P K G O I G O C E K X.
r u m z u s p a n h e m g e m a c h t.
Tenor. Peter Drucker von Fridberg Clebsadel genant / drinckt gern starcken Win/ist Doctor stultorum zu Spanhem gemacht.

Abschnitt aus der „Steganographia"

Die gleichfalls in jungen Jahren verfaßte Schrift *De vanitate et misera humanae vitae* wurde erst 1495 von Peter Friedberg in Mainz gedruckt. Hier verrät ein häufig wiederholtes Lob der Weltverachtung das rhetorische Talent des Trithemius: „Was nützt dem Menschen alle Herrlichkeit, Größe, Reichtum und Macht, da er eben von heute ist, und morgen schon nicht mehr leben kann. Gestern beugten sich vielleicht noch Alle vor Einem, und heute wird er begraben, eine Speise der Würmer. Thöricht der Wanderer, der auf die Schauspiele dieser Welt merkt, und dabei des himmlischen Vaterlandes vergißt, der das Ewige vernachlässigt und das Zeitliche besorgt. Denn nichts ist flüchtiger als die Dinge der Welt, nichts gebrechlicher als das menschliche Leben, nichts kürzer als die irdische Macht. Selig daher, wer die Welt zu verachten weiß" (dt. zitiert nach Silbernagl, 1868: 20).

Meditierender Mönch

In Mainz ließ Trithemius einen Großteil seiner Sponheimer Schriften in der Offizin des Peter von Friedberg drucken. Mit diesem Mann muß sich Trithemius gut verstanden haben, wenn sie nicht sogar eine Art Scherzbeziehung (joking relationship) unterhielten, da der Abt ihm später ein spaßiges Denkmal in den teilweise Klatsch sowie persönliche Zu- und Abneigungen gegenüber Abtskollegen kolportierenden Verschlüsselungsbeispielen der *Steganographia* gesetzt hat.

Was dem jungen Autor an eigenen Texten nicht gefiel, blieb unvollendet oder wurde zerrissen. Seine Aufgaben als Abt nahm

Trithemius sehr ernst, deshalb konnte die Schriftstellerei zunächst nur an zweiter Stelle hinter den Amtspflichten für den Erhalt des Klosters rangieren.

Seinen stets zur Verfleißigung angehaltenen Mönchen empfahl Trithemius neben Gebeten und spirituellen Frömmigkeitsübungen kontinuierliche Meditationen über den Tod. Einige von ihnen mochten den neuen Abt inzwischen als lästigen Antreiber empfunden haben, den man lieber gleich wieder losgeworden wäre. Trithemius setzte seine ehrgeizigen Pläne für die Erweiterung der Bildungsmöglichkeiten im Kloster und viele kleine Neuerungen meistens gleich in die Tat um, was nicht immer auf Gegenliebe stieß. Im Skriptorium wurden jetzt verstärkt Leihgaben von anderen Klöstern abgeschrieben und gebunden. In Eigenarbeit stellte man zumindest zeitweilig sogar Pergament her.

„In dem folgendem Jahr hat Abt Trithemius neuerdings folgende Bücher verfaßt: 'Das Leben der Hl. Irmina' (deren Haupt wir haben), 'Das Lob des Apostels Andreas', 'Das Lob des Nährvaters des Herrn St. Josef', 'Das Lob des Abtes Bernhard'. Er hat auch noch einige andere angefangen, konnte sie aber in diesem Jahr nicht zu Ende bringen ..." (CHRONIKON SPANHEIMENSE; 1969: 205), schrieb der Klostervorsteher über seine schriftstellerische Arbeit im Jahr 1489.

Auf die Bitte der Bursfelder Kapitelversammlung verfaßte Trithemius 1490 eine Anleitung zur Durchführung von Klostervisitationen unter dem Titel *De modo et forma visitationis claustralium.* Die für den Benediktinerorden bedeutsame Schrift enthält zweiunddreißig Kapitel und wurde 1496 zu Nürnberg gedruckt. Nur sanftmütige, glaubensstarke und weise Männer dürfen als Klosterinspekteure zur Anhebung der Disziplin dienen, fordert der Abt. Auf äußeren Prunk oder Reisestaat sollten sie verzichten und sich mit einem Kaplan, einem Diener und drei Pferden oder höchstens sechs Tieren begnügen, lauten einige Empfehlungen. Vorbildlich in der Lebensführung und bescheiden im Auftreten müsse der Visitator sein.

Der berühmte Poet Konrad Celtis in Heidelberg und Bischof Dalberg gründeten 1490 eine humanistische Gesellschaft der Gelehrten, Schriftsteller und Bücherfreunde, die „Sodalitas Litteraria Rhenana", deren korrespondierendes Mitglied auch Trithemius wurde. Gemeinsam hatte man sich den Austausch von Büchern, Neuigkeiten, Kenntnissen, Meinungen und eigenen Schriften vorgenommen.

Unter vielen Mühen begann Trithemius 1491 mit der Niederschrift der berühmten 'Sponheimer Chronik'. Die Materialsuche über die Geschichte des Klosters und seiner Äbte gestaltete sich schwierig. Er sollte sie erst fünfzehn Jahre später im Schottenkloster zu Würzburg unter Einstreuung vieler autobiographischer Bemerkungen beenden.

Johann von Dalberg, Bischof von Worms

Im gleichen Jahr ließ Trithemius eine Holzscheune abreißen und durch einen Neubau aus Stein ersetzen. Dann fertigte er das an, was ihn später am Ende eines produktiven Lebens und darüber hinaus berühmt-berüchtigt machen sollte: die erste von vielen Fälschungen. Die Suche nach Dokumenten und Quellen zur Gründung und Geschichte des Klosters war nicht besonders erfolgreich verlaufen, deshalb füllte der Schelm in der Kutte die mageren Findungen durch Erfindungen auf. Zwei fiktive Urkunden erweiterten die Quellenbasis, und damit blieben besitzrechtliche Ansprüche „festgeschrieben".

Auf dem Rückweg vom Bursfelder Generalkapitel, das im August 1492 in Erfurt getagt hatte, ließ sich Trithemius von seinem Amtsbruder und Abt des Klosters Deutz, Gerlach von Breitbach, dazu anregen, eine Motivationshilfe für Kopisten zum 'Lob der Schreiber' anzufangen. *De laude scriptorum manualium* wurde ein hochinteressantes und originelles Werk. Es erschien zwei Jahre später in gedruckter Fassung zu Mainz. Der teure Buchdruck hat das Kopierwesen und die mittelalterliche Schreibkunst der Mönche keineswegs überflüssig gemacht. Die Schriftkenntnis glänzt als wertvollster Schatz überhaupt, und „ein Schreiber, der sich durch Frömmigkeit auszeichnet, ist ein Herold Gottes" (DE LAUDE SCRIPTORUM, 1973: 35), konstatierte der sendungsbewußte Benediktiner.

Es gibt keinen Wissensfortschritt ohne Buchkultur. Zu Trithemius' Bildungsbekenntnis gehörte die Forderung gegenüber den Äbten und Kirchenoberen, ihren Schutzbefohlenen die Bücherstudien zu gestatten und, wie das Kopierwesen selbst, entsprechend zu fördern. Jedes Verbot wäre Torheit und ein Verstoß wider das Gebot einer guten Erziehung, versuchte Trithemius immer wieder zu suggerieren. Geschickt sorgte er auch für eine Indienstnahme beziehungsweise die eigene Stiftung frommer Legenden als Mittel der Prävention gegenüber Kritik am Kultobjekt Buch: „Einst lebte in einem Kloster unseres Ordens, das mir wohlbekannt ist, ein frommer Bruder, der zur Zierde der Bibliothek großen Eifer auf das Bücherschreiben verwandte. Wann immer er vom Chordienst frei war, begab er sich in die Abgeschiedenheit seiner Zelle und widmete sich dieser geheiligten Arbeit. Viele Werke der Heiligen schrieb er mit grenzenloser Hingabe ab. Als viele Jahre nach seinem Tod seine Gebeine aus der Erde erhoben wurden, fand man die drei Finger der rechten Hand, mit denen er so viele Bände geschrieben hatte, so wohlbehalten und unversehrt, als wenn sie eben erst ins Grab gekommen wären. Der übrige Körper jedoch war, wie üblich, vergangen bis auf die Knochen. Aus diesem Beispiel kann man entnehmen, wie heilig diese Aufgabe in den Augen Gottes ist, der selbst bei Toten den Gliedmaßen der Schreiber solche Ehre erwiesen hat, um die Lebenden auf ihr Verdienst hinzuweisen" (DE LAUDE SCRIPTORUM, 1973: 62f).

Natürlich hat Trithemius, der faule Kleriker und ungebildete Viertelmönche nicht ausstehen konnte, auch die eigenen Ordensbrüder zu fortschreitender Verfleißigung angehalten, was sich in stetem Anschwellen der überwiegend handkopierten Bände und Codici sowie in der Einrichtung einer klostereigenen Buchbinderei niederschlug.

Seit Jahren war der Bücherjäger Trithemius auch als Sammler bibliographischer Nachrichten in den Klöstern der Umgebung tätig gewesen. Seine seit zehn Jahren beachtlich entwikkelte Bücherkenntnis und Quellenkundigkeit erlaubte es ihm, in drei Fassungen von 1492 bis 1494 einen als Nachschlagewerk zu seiner Zeit sehr gefragten Katalog der Kirchenschriftsteller, Gelehrten aller Sparten und berühmten Menschen niederzuschreiben. Diese auf mittelalterliche Vorlagen zurückgreifende Schrift *De scriptoribus ecclesiasticis* widmete er dem Bischof von Worms, Johannes von Dalberg, hatte dieser doch die geistige Entwicklung des Abtes schon in Studentenjahren gefördert. Mit neunhundertdreiundsechzig verzeichneten Autoren, darunter Mystikerinnen wie Roswitha von Gandersheim und Hildegard von Bingen, stellt das Werk einen Meilenstein humanistischer Literaturgeschichtsschreibung dar. Auch die eigene Person blieb in diesem Katalog nicht ungenannt.

Die 1494 beim Drucker Johann Amerbach in Basel erschienene Druckfassung dieser trotz vieler Irrtümer und Fehlzuschreibungen beachtlichen Fleißarbeit machte ihren Verfasser über Nacht in den Gelehrten- und Humanistenkreisen Westeuropas bekannt. Befördert wurde dieser Umstand nicht zuletzt durch dem Buch beigesteuerte Lobverse des bekannten und von Trithemius sehr geschätzten Dichters und Narrenschiffers Sebastian Brant. Das Werk erlebte mehrere Nachdrucke, zum Teil mit redaktionellen Erweiterungen. So führt die Ausgabe Paris 1512 neben Trithemius' Erzfeind Charles de Bouelles zusätzlich einunddreißig bekannte Humanisten Italiens und Frankreichs auf.

An der literarhistorischen Schriftstellerei und Katalogarbeit hat Trithemius großen Gefallen gefunden und trotz seiner zeitraubenden Amtspflichten wiederholt entsprechend aufwendige Werke verfaßt. Die 1492 begonnene, mehrfach handschriftlich kopierte und erst 1575 in einem Sammelwerk gedruckte Verherrlichungsschrift *De viris illustribus ordinis sancti Benedicti* verklärt Gründung und Geschichte des Ordens, seiner gelehrten und prominenten Vertreter. Das zwischen Authentizität und Scheindokumentation angesiedelte Werk ist mit überschwenglich gehäuftem Zahlenbombast garniert und erregte viel Interesse. Sympathien brachte dem Ordenshistoriker Trithemius auch eine weitere literarhistorische Schrift ein, *De laudibus ordinis fratrum Carmelitarum*, die er am 23. April 1492 als kenntnisreich beendete Auftragsarbeit an die Kölner Karmeliter schickte.

Liber penthicus nannte der Abt 1493 seine Klageschrift über den besorgniserregenden Niedergang des Benediktinerordens, der seinen einst so prächtigen Glanz längst verloren hatte. Während eines Treffens der Ordensoberen wurde sie mehrfach als Mahnung zur Besserung bei Tisch verlesen. Ein bald erfolgter Druck förderte ihre Verbreitung und bezeugte das Engagement des Verfassers auf dem Weg zur Besserung der streng gescholtenen Zustände. Erbauliche Schriften zum Lob der Bursfelder Reform haben einen ähnlichen Tenor. Sie sollten die Wiederbelebung alter mönchischer Tugenden und Ideale fördern, sowie mehr Gelehrsamkeit unter den Priestern und bessere Bildungsmöglichkeiten in den Klöstern anstreben.

Recht lapidar vermerkte Trithemius in seiner Klosterchronik die Entdeckung der Neuen Welt und seiner vermeintlich nach

Sebastian Brant
Nach dem Bildnis von Hans Burgkmair, 1508, Staatl. Kunsthalle Karlsruhe

Barbarenart lebenden Ureinwohner für das Jahr 1493: „In diesem Jahr sind auch durch Christoph Columbus, dem Kapitän der Flotte des Königs von Spanien, irgendwelche Inseln im indischen Ozean gefunden worden, die bis dahin den Bewohnern von Europa und Asien gänzlich unbekannt waren. Auf einigen davon fand er nackte Menschen, die nach Art des Viehs gelebt haben, von denen wir nichts weiter zu berichten brauchen, weil die Geschichte von ihm selbst aufgeschrieben worden ist" (CHRONIKON SPANHEIMENSE, 1969: 209).

Der große Dichter und Kopf der humanistischen Bildungsbewegung Konrad Celtis stattete dem Bücherkloster Sponheim 1494 einen Besuch ab. Bei dieser Gelegenheit erfreute er den schreibfleißigen Trithemius, zu dem er eine tiefgreifende Scherzbeziehung unterhielt, mit Lobgedichten auf dessen Tugenden. „Ornament der deutschen Nation" nannte Celtis den „Sohn von der Mosel". In einer Ode pries er den dreisprachig bewanderten Sammler wunderbarer Bücher sogar als „Druiden". Diese und andere vom Abt „liebohrend" aufgenommenen Schmeicheleien verfestigten die Rollenanforderung an Trithemius, sich auch weiterhin für die Bewahrung des druidischen Erbes der Germanen zu engagieren. Zur fixen Idee des rheinischen Humanistenkreises gehörte die gemeinsam gehätschelte Vorstellung von der Gleichberechtigung dieses druidischen Erbes der Germanen mit der alten griechischen Kultur und der Überlegenheit gegenüber den italienisch-römischen Kultureinflüssen. Mit den Griechen sollten die Germanen auch mehr gemeinsam haben als mit den Galliern. Im Rahmen dieses Wunschdenkens wurden gedankliche Fäden nur zu bereitwillig in alle Richtungen gesponnen und fieberhaft nach Quellen und philologischen Beweisen, auch gefälschten, für die Belegbarkeit dieser Fiktionen gesucht. Das Lob des Celtis bedeutete also auch eine Aufforderung an Trithemius, verstärkt in eine solche Richtung der *fabulosa historia* zu arbeiten.

Der nicht zuletzt auch noch wegen seiner Kenntnisse der *magia naturalis* genannten magischen Naturphilosophie zum Druiden-Abt erhobene Trithemius ließ sich seinerseits nicht lumpen und trug Sorge für die Portraitierung des Lobredners und zwei seiner Epigramme in den Mauern des abgelegenen Klosters. Dies geschah zum Ruhm für die Nachwelt und zur

Befestigung des rhetorischen Schmeichelpotentials innerhalb der humanistischen Gelehrtenkultur. Der um die Freundschaftsbande bemühte Besucher Celtis sattelte noch einmal drauf und erwies der bücherschweren und kunstreichen Liebe des Trithemius zur griechischen Sprache in humorvoller Weise Referenz. In seinen Augen und Versen hatte sich das Kloster längst in eine griechische Akademie verwandelt, deren Vorsteher das Ideal höchster Bildung verkörperte und in bestmöglicher pädagogischer Befähigung seinem gelehrigen Hund „Eris" kleine Dressurstücke auf Zuruf in griechischer Sprache beigebracht hatte *.

Der drei Sprachen beherrschende Bücherpapst und Schriftsteller Trithemius rühmte nun seinerseits erneut Fähigkeiten, Auffassungsgabe und Witz des Lobpoeten und räumte Celtis einen exponierten Platz in seinen gedruckten Schriftstellerkatalogen ein. Ende einer Nahaufnahme der humanistischen Beziehungspflege im ausklingenden 15. Jahrhundert.

Im Kloster ließ Trithemius 1494 weitere bauliche Veränderungen vornehmen. Dazu gehörte auch die Einrichtung einer neuen und beheizbaren Abtswohnung mit mehreren Zimmern und Gästestuben an der Ostseite des Gebäudekomplexes. Griechische, lateinische und hebräische Merksätze, oft Zitate befreundeter Dichter, zierten die farbig bemalten Wände. In einer neuen Kapelle ließ der Abt viele Reliquien von bekannten Heiligen unterbringen. Feierlich wurde die Kapelle in Gegenwart seines alten Humanistenfreundes Jakob Wimpfeling aus Schlettstadt geweiht.

* Damit setzte Trithemius auch noch weitere Gäste wie den Wanderpoeten Jason Alpheus (Ursinus) bei anderer Gelegenheit in Erstaunen. Seinem Schüler Agrippa von Nettesheim ist ähnliche Kunstbeflissenheit schlecht bekommen, da böswillige Verleumder dessen Hund Monsieur per übler Nachrede in den leibhaftigen Teufel verwandelten. Vgl. dazu Kuper, 1994 und 1996.

Mit Erfolg drängte sein ehemaliger Lehrer Wimpfeling den Kirchenschriftsteller dazu, einen weiteren Katalog zu verfassen, der vor allem deutsche Schriftsteller enthalten sollte. „Gelehrte, die etwas zum Nutzen der Leser beigetragen haben, dem Gedächtnis der Nachwelt zu überliefern liegt mir nicht weniger am Herzen, als die Werke der Alten in der Bibliothek meines Klosters zusammenzutragen" (dt. bei Arnold, 1991: 132), verkündete Trithemius in der ersten Fassung seines Schriftstellerverzeichnisses *Catalogus illustrium virorum Germaniae*.

Die zweite Fassung des Werkes beendete Trithemius nach vielen Mühen am 31. Juli 1495. Sein Katalog berühmter Schriftsteller und Gelehrter Deutschlands listet dreihundertunddrei Namen auf. Unter den Genannten befanden sich viele Zeitgenossen, mit denen Trithemius persönlich bekannt war und welche diese Referenzerweisung freudig und teilweise mit Buchgeschenken begrüßten. Nun hatte sich Trithemius auch als früher Literarhistoriker verdient gemacht. Sein Handexemplar hat der inzwischen zum Experten für verschriftlichtes Kulturgut avancierte Abt später auch noch mit aktualisierten Zusätzen versehen.

Im für ihn gleichermaßen arbeitsreichen wie fruchtbaren Jahr 1494 schuf Trithemius eine Verherrlichungsschrift zu Ehren der heiligen Anna *De laudibus sanctissimae matris Annae*, die sofort im Juli bei seinem Hausdrucker Friedberg in Mainz erschien. Das fromme Werk in sechzehn Kapiteln sollte die Leser zu einer Verehrung der Gepriesenen bewegen, die seit dem Spätmittelalter verstärkt die Aufmerksamkeit der Theologen auf sich gezogen hatte. Wie die meisten Humanisten machte sich auch Trithemius für die Annahme stark, die heilige Anna hätte ihre Tochter Maria, die Gottesmutter, ohne Erbsünde empfangen. Diese auch schon von anderen Autoren vor ihm geäußerte Meinung blieb nicht unwidersprochen, und das Traktat wurde angefeindet. Unter dem Pseudonym „Pensans manus" („Wieg hand") setzte der Frankfurter Dominikaner Wigand Wirt einen die Gegenposition vertretenden Streitbrief in Umlauf, der seinerseits viel Beachtung fand. Willkür, Überheblichkeit und anmaßenden Umgang mit Zitaten aus der Heiligen Schrift warf Wirt dem Benediktiner vor.

Obwohl von seinem Naturell her beileibe kein Federkriege schätzender Streithahn, wollte sich Trithemius diesen Widerspruch und dreisten Angriff auf seine persönliche Integrität nicht gefallen lassen. Er spitzte die Feder und kritisierte heftig „die anmaßende Klugheit" des Dominikaners in Angelegenheiten der Heiligen. Der Abt sparte nicht mit Polemik und warf seinem als Schwätzer titulierten Gegner vor, er gebärde sich wie ein Geisteskranker. Diese Freundlichkeiten ließ der Gescholtene nicht auf sich sitzen, und es entspann sich ein sehr polemisch geführter Briefwechsel. Schlagfertig konstatierte Wirt, das der doch angeblich so hochgelehrte Abt in seinem frisch publizierten Katalog der Schriftsteller zwar unbescheidenerweise sich selbst angeführt, aber berühmte Autoren des viele Inquisitoren stellenden Dominikanerordens ausgespart beziehungsweise unterschlagen habe.

Die Kontroverse zog sich etwa zwei Jahre hin und sorgte für Aufsehen und polarisierenden Groll. Auf der Seite des Trithemius griffen bekannte Literaten wie Sebastian Brant, Konrad Celtis und andere mit kurzen Gelegenheitsdichtungen in Versform in die Fehde ein. Die inzwischen vielstimmig vom Gemurmel zum Geschrei angeschwollene Auseinandersetzung schlichtete 1496 der Theologe Ulrich Kreitwys, Rektor der Universität Köln. Der Dominikaner mußte widerrufen und den Trithemius um Verzeihung bitten. Von der Fortführung des Federkrieges sahen die Kontrahenten ab. In der humanistisch geprägten Gelehrtenwelt und an einigen Universitäten wurde gegen Ende des 15. Jahrhunderts die Lehre von der unbefleckten Empfängnis als Lehrmeinung akzeptiert.

Inzwischen kam es zu regelrechten Bücherpilgerschaften zum Sponheimer Hort der Gelehrsamkeit und seines sich den Nimbus eines Wundermannes gebenden Abtes. Mehrmals in der Woche klopften Besucher an die Klosterpforte, denn der Empfang durch den Hüter der Bücherschätze war freundlich, wie manche Gäste schriftlich vermerkten: „Sobald sich dann Gelegenheit zum Umhergehen ergab (was meist nach dem Beisammensein und der gemeinsamen Mahlzeit der angesehendsten Freunde der Fall ist), führte er mich umher und in seine wunderbare Bibliothek, in der sehr viele griechische und hebräische Bücher zu finden sind; von den lateinischen war aus allen Künsten, Wissenschaften und Fakultäten eine riesige Menge vorhanden ... Deshalb halte ich auch dafür: wenn es in unserem Deutschland eine hebräische oder griechische Akademie gibt, dann in Sponheim, wo man mehr Gelehrsamkeit von den Wänden ablesen kann, als aus vielen anderen und mit wertlosen Büchern gefüllten Bibliotheken. Denn was man in Deutschland an antiker Überlieferung und Gelehrsamkeit in Büchern finden kann, besitzt das Kloster Sponheim dank seines Abtes Trithemius“ (Arnold, 1991: 56).

Der greifbare Realität gewordene Büchertraum des Trithemius beeinflußt sogar die Träume seiner zur Wissensaufnahme bereiten Gäste. Grenzenlos begeistert über die vorgefundenen Schätze schwärmte der Niederländer Rutger Sicamber, der Sponheim schon einmal 1491 zu Studienzwecken besucht hatte, Celtis gegenüber, daß er 1494 nach einem halben Jahr Aufenthalt im papiernernen Paradies nicht nur nachts sondern auch schon am Tage von Büchern geträumt hätte.

Der Mensch Trithemius war ebenso gastfreundlich wie großzügig. Gleich zweimal lud er 1495 den in Geldnöten und einer vorübergehenden Krise steckenden Celtis in Anspielung auf dessen Besuch im Vorjahr dazu ein, die Hundstage im Kloster St. Martin zu verbringen. Die Einladung wurde noch einmal ausgesprochen und selbst die Reisekosten versprach der geistreiche Gespräche liebende Abt zu tragen.

Zu den von ihrem Besuch in Sponheim begeistert wieder heimkehrenden Bibliothekspilgern gehörte auch der Niederländer Alexander Hegius, dem Erasmus von Rotterdam * viele Kenntnisse zu verdanken hatte.

Bekannte Besucher kamen immer wieder ins Kloster, um die berühmte und in deutschen Landen unvergleichliche Bibliothek zu sehen beziehungsweise mit dem Bücherpapst zu fachsimpeln. Der Andrang war beträchtlich, und einige Gelehrsamkeitspilger blieben studienhalber bis zu sechs Monaten vor Ort. Trithemius stand allen mit Rat und Tat zur Seite, erläuterungsfreudig und wissensbeflissen. Die Beherbergten lobten seine Gastfreundlichkeit, Güte und Menschlichkeit in den höchsten Tönen. Trithemius war der Mittelpunkt seines weittragenden und feinmaschig gesponnenen Kommunikationsnetzes. Zielbewußt und in späten Jahren geradezu zwanghaft verfolgte er seine als Nebenaspekt wachsender Gelehrsamkeit entwickelte Strategie der Selbstaufwertung. Der Besucherstrom machte aus der Büchersammlung und ihrem Standort auch eine Börse für Neuigkeiten aller Art. Sogar aus den entlegensten Gebieten der Niederlande und aus Frankreich reisten Neugierige und Wissenshungrige an. Wieder in ihren Heimatstädten angelangt, verbreiteten sie das Lob des eifrigen Klosterhumanisten durch Mundpublizistik.

„In diesem Jahr, am 4. Juli (1496), waren zur Besichtigung der Bibliothek, deren bedeutender Ruf sich überall verbreitet hatte, nach Sponheim gekommen: der Bischof Johannes von

* Trotz einer Reihe von gemeinsamen Interessen, Bekannten und Reiserouten scheinen sich die Bildungsenthusiasten Erasmus und Trithemius nie begegnet zu sein. Vielleicht war der gelegentlich geheimniskrämerisch auftretende Benediktiner dem Erasmus nicht ganz geheuer, trotz dessen Bemühen um die Wiederbelebung alter Gelehrsamkeit.

Standbild des Johannes Reuchlin in Pforzheim

Worms, ein im Griechischen und Lateinischen sehr gelehrter Mann, und Johannes Reuchlin oder Capnion, Doktor der Rechtswissenschaft, gewandt im Griechischen und Hebräischen und Sekretär des Herzogs von Württemberg. Ferner waren hier der in jeder Fakultät gebildete Ritter Heinrich von Bunau, Geheimschreiber der Herzöge Friedrich und Johann von Sachsen, Franz Bononius Tergestinus, ein auch des Griechischen und Lateinischen kundiger Redner und Dichter, Sekretär der römischen Königin, und Johannes Vigilius, Ausleger beider Rechte und Geheimschreiber des Pfalzgrafen Philipp, ein Mäzen aller Philosophen. Alle diese gelehrten Männer staunten sehr, als sie die Menge seltener Bände, ihre Ordnung und ihren Wert in diesem armen Kloster sahen und lobten alle einstimmig den Eifer des Abtes Trithemius und seinen Fleiß“ (CHRONIKON SPANHEIMENSE, 1969: 214), schrieb der durch Lobredner gebauchpinselte Büchermann Trithemius über sein Sammlervermögen von Büchern und Menschen. Wie Celtis hatte auch das berühmte Sprachgenie Reuchlin ein Lobgedicht auf Trithemius geschrieben:

Prelati miseram si vis cognoscere vitam,
Hunc lege Tritemii nocte dieque librum.
Sive quod es monachus, Abbati compatieris,
Seu quod es ipse pater, tum tibi fastus abit.
Indicis e serie titulos spectare deocendos
Materiemque libri dinumerare potes.

(Holstein, 1980: 132)

Zum Lob der Buchdruckerkunst hat Trithemius in seltener Dichterlaune auch ein Epigramm verfaßt:

O felix nostris menoranda impressio saeclis!
Inventore nitet utraque lingua tuo.
Desierat quasi totum, quod fundis in orbem;
Nunc parvo doctus quilibet esse potest.
Omnes te summis igitur nunc laudibus ornant,
Te duce quando Ars haec mira reperta fuit.

(Schneegans, 1882: 143)

Brieflich ermahnte Trithemius Freunde, Bekannte und Ordensbrüder, ihn über alle bemerkenswerten Bücher zu informieren oder diese im Fall eines Besuches gleich mitzubringen, sofern es sich um Raritäten, alte Handschriften oder griechische Bücher handelte. 1496 kaufte Jakob Wimpfeling für Trithemius,

Bischof Dalberg und natürlich auch für sich auf der Frankfurter Buchmesse an mehreren Tagen eine so große Büchermenge, daß hartnäckig kolportierte Gerüchte aufkamen, der Dichter und Gelehrte Wimpfeling sei nun selbst um des gemeinen Profites willen Buchhändler geworden.

Büchernarr aus Brants „Narrenschiff"

Die Bücherpirsch des Jahres 1496 war besonders erfolgreich verlaufen und hatte dem spektakulären Funden nachspürenden Profisammler, Retter alter Bücherschätze und auf ihre Herausgabe drängenden Überredungskünstler Trithemius manchen guten Fang beschert. „Johannes Trithemius war der erste, der nach Jahrhunderten des Vergessens wieder Kenntnis hatte von der Existenz einer antiken Kurzschrift, der tironischen Noten. Diese Kenntnis hat er im sechsten Buch seiner Geheimschrift, der „Polygraphia", verwendet und zum ersten Mal 30 Zeichen veröffentlicht. Hier berichtet Trithemius auch, wie er 1496 in einem Mainzer Kloster seines Ordens, unter Staub begraben und wegen seines Alters vernachlässigt, einen Codex mit tironischen Noten fand. Der Abt des Klosters fragte einen Juristen um Rat, was der Band wohl wert sei und dieser antwortete, er zöge ihm eine kleine Druckausgabe der Werke des hl. Anselm vor. Trithemius erstand darauf den Anselm bei einem Buchhändler für den sechsten Teil eines rheinischen Guldens und Abt und Mönche waren mit dem Tausch zufrieden; so wurde der Codex vor dem sicheren Untergang gerettet, denn er sollte wegen des Pergamentes dort als Palimpsest wiederverwendet werden" (Arnold, 1991: 59).

In seiner Klosterchronik glaubte Trithemius auch für das Jahr 1497 immer weiter fortschreitenden religiösen und sittlichen Verfall konstatieren zu müssen: „Im 14. Jahr unseres Abtes Johann Trithemius ist das Kloster Sinsheim, nicht weit von Heidelberg in der Speyerer Diozöse, dem Beispiel anderer abtrünniger Mönche samt seinem Abt und den Brüdern von unserem Orden abtrünnig und zu einer weltlichen Kirche geworden mit Erlaubnis und Dispenz des römischen Bischofs Alexander VI. und es sind aus ordentlichen Mönchen verbrecherische Weltgeistliche geworden" (CHRONIKON SPANHEIMENSE, 1969: 215).

Schriftlich und mündlich forderte der einem christlichen Fundamentalismus das Wort redende Trithemius immer wieder Sorgfalt und Aufmerksamkeit im Umgang mit den Bücherschätzen, die er als das wahre Erbe der christlichen Kultur ansah. „Da der größte Schatz der Kirche in der Zahl ihrer überlieferten Schriften besteht, begeht der ein Unrecht gegen die Kirche, der es versäumt, diese heiligen Bücher sorgfältig zu bewahren. Bücher sind die

Waffen, deren die Kirche sich im Kampf gegen die Irrgläubigen bedient; wenn jemand zuläßt, daß sie entfernt oder gar vernichtet werden, bezeugt er damit seine mangelnde Liebe zur Kirche. Liebte er sie so, wie er sollte, würde er nie zulassen, daß sie ihrer Waffen beraubt wird. Die Bücherfreunde ermahnen wir deshalb eindringlich, ihre Bibliothek sorgsam zu behüten und nur solchen Schränken anzuvertrauen, die keinen Diebstahl zulassen" (DE LAUDE SCRIPTORUM, 1973: 93).

Optimistisch stellte Trithemius den größten Teil seiner theologischen Arbeit und schriftstellerischen Tätigkeit in den Dienst der Bursfelder Ordensreform. Auf den Reformversammlungen versuchte der begabte Redner Trithemius unter Verweis auf das eigene Beispiel die Ordensoberen davon zu überzeugen, daß die Schwarze Kunst des Buchdruckes keine Erfindung des Teufels sei, sondern dem Bildungs- und Erziehungsbestrebungen der Benediktiner sehr dienstbar sein könnte. Strategisch geschickt unterbreitete Trithemius seinen Traum von der auch mit den Mitteln der Druckerpresse durchzusetzenden Überlegenheit und Erzieherfunktion der Benediktiner gegenüber anderen Orden. Zur Anhebung und Standardisierung des Bildungsniveaus der einzelnen Mönche wurde seine 1497 beendete Schrift *De triplici regione claustralium et spirituali exercitio monachorum* mit dem Segen der Ordensleitung gedruckt. Dieses Handbuch für geistliche Übungen diente als Orientierungshilfe bei der Novizenerziehung und sollte nach den Plänen seines Autors in keiner Klosterzelle fehlen. Schon vor der Drucklegung im Jahr 1498 zirkulierten in den süddeutschen Abteien des Ordens diverse handschriftliche Exemplare von *De triplici regione* ... Mit dieser Unterweisungsschrift hatte Trithemius seinem im Laufe der Jahre verstärkt ins Spiel gebrachten Anspruch untermauert, einer der führenden Köpfe und Ideengeber der Bursfelder Reformunion zu sein. Im Auftrag der Äbteversammlung redigierte Trithemius auch mehrere Statutensammlungen, die zur Festschreibung und Verlesung von gefaßten Beschlüssen vor und während der Treffen dienten.

Die Erhebung der Reliquien der heiligen Hildegard von Bingen, die Trithemius sehr verehrte und deshalb auch in seinen Werken erwähnte, erlebte der Sponheimer Abt im Jahr 1498. Nach der Feier konnte der emsige Sammler sogar einen Armknochen der Heiligen als vielbestaunte Reliquie für sein Kloster ergattern.

1499 sollte ein merkwürdiger Vorfall für erhebliche Aufregung und Desorientierung sorgen, was den bis dahin eindeutig guten Ruf des Trithemius anging. In der Klosterchronik von Sponheim gab der stets um Selbstbestätigung bemühte Abt seine Version der Dinge nach sieben Jahren wieder: „In dem oben erwähnten Jahr am Montag nach Palmsonntag hat der Abt Johannes Trithemius dieses Klosters an den Karmeliter Arnold Bostio zu Gent, einem sehr gelehrten und frommen Mann, der sich brieflich erkundigte, was er jetzt schreibe, wie einem wahren Freund geantwortet und zurückgeschrieben: Er habe die große Arbeit Steganografie auf Wunsch eines Fürsten in den Händen, die von geheimen bewundernswerten Dingen und Künsten handle und von ihm neuerdings erfunden sei. Denn sie sei vorher keinem Menschen bekannt gewesen, wie dieses Werk auch selbst beweisen werde. Aber noch bevor dieser Brief in Gent ankam, ist Bostius, an den er geschrieben war, am 4. April nämlich, am Donnerstag, nach dem Osterfest, ohne daß Trithemius es wußte, zum Herrn eingegangen. So hat also der Prior des Genter Klosters den an Bostius geschickten Brief geöffnet, gelesen und gleichsam wie ein Wunderding überall bekannt gemacht. Das wurde in kurzer Zeit durch ganz Frankreich und Deutschland vielen Fürsten und gelehrten Männern schriftlich übermittelt und mit größtem Erstaunen von aller Welt gelesen und für ein neues und unerhörtes Wunder gehalten. Weil aber nun kein irgendwie

Gebildeter die Grundsätze und den Sinn der Dinge, die dort versprochen wurden, erkennen konnte, ergab sich eine zwiespältige Meinung. Die einen hielten den Trithemius für einen heiligen Menschen, andere nannten ihn sehr gut unterrichtet und einige, die von langsamem Verstand und zu unüberlegten Wünschen geneigt waren, einen Magier und behaupteten, daß ihm irgendein Geist dienstbar sei. Aber weil alle natürlichen Dinge einfach sind, so wird auch das, was in jenem Brief enthalten war, aus den Grundsätzen des Buches Steganografie offenkundig. Durch diese Neuigkeit veranlaßt, sind viele gelehrte Männer aus den entferntesten Grenzen Frankreichs hierhergekommen, um Trithemius zu sehen und zu sprechen. Nachdem sie die Bücher und die Sache selbst, von denen sie in der Ferne gehört hatten, sahen und von Trithemius, wie es sich gehörte, eine einleuchtende Vorführung erhalten hatten, gaben sie zu, daß das Gerücht über diese Sache noch weit hinter der Wahrheit zurückgeblieben sei. Einige, die sehr weit weg wohnten, haben auch Boten mit Briefen zu Trithemius geschickt und verlangten, die Wahrheit über die Sache zu erfahren, die sie nur vom Hörensagen kannten“ (CHRONIKON SPANHEIMENSE, 1969: 217f).

Nach all diesen Schutz- und Trutzbehauptungen, die wie alle Selbstdarstellungen des Trithemius mit Vorsicht zu genießen sind, heißt es weiter mit beruhigendem Tenor in der Klosterchronik: „Einigen davon hat Trithemius geschrieben, daß man sein wundervolles Verfahren ganz natürlich ohne Aberglauben erkennen könne und daß die Grundsätze dieser Kunst und ihrer Anwendung nicht von ihm den Ruf so großer Wunderlichkeit hätten“ (CHRONIKON SPANHEIMENSE, 1969: 218).
Es war also alles wieder in schönster Ordnung oder etwa nicht? Der dieser Affaire zugrundeliegende ungeheure Skandal um sein echtes oder vermeintliches Zauberwissen, den der Abt hier beschwichtigend schwarz auf weiß herunterspielt, ist es wert, näher beleuchtet zu werden.

III
Aufstieg und Fall
oder
Magie des Buches

„Sollte der uralte Zauber doch irgendwo noch existieren, sollte es am Ende etwa doch noch heilige Bücher, teuflische Bücher, magische Bücher geben?" fragte der stets an mittelalterlicher Phantastik und Mystifikationen interessierte Neoromantiker Hermann Hesse (1970: 249) nach der magischen Kraft des Buches. Eine frühe Antwort, gespeist aus leidvollen Erfahrungen gepaart mit selbstquälerischem Suchertum, hätte ihm der Bücherpapst von Sponheim geben können, der sein ganzes Leben lang wundersame Bücher suchte und eigenhändig noch phantastischere schrieb.

Auf der Suche nach umfassenden Wissen und einer universalen Sprache war Trithemius zwischen 1490 und 1504 tief in die Geheimnisse der Schrift und damit in den Geltungsbereich der Magie vorgedrungen. Als homo ludens gedachte er die christlichen Religionsgeheimnisse durch experimentell angewandte Denkspiele zu erforschen und schuf auf diesem Weg das vielleicht seltsamste Buch der Welt, die *Steganographia**. Diese ist in Teilen und auf den ersten Blick eine Anleitung zum Verfassen von Geheimschriften, doch finden sich im Fragment gebliebenen dritten Teil auch Spekulationen über magische Beziehungen zwischen Buchstaben, Zahlen, Zeichen und

* Steganographia = Geheimschrift. Am Ende des Mittelalters und zu Beginn der Frühen Neuzeit war die Beschäftigung mit Geheimschriftkunde ein Intellektuellenvergnügen und Gelehrtenspiel der humanistischen Bildungselite innerhalb und außerhalb der Klostermauern.

Steganographiæ

Cum hanc conjurationem compleveris eo modo, sicut oportet mox ad erit spiritus, ad imperium tuum paratus.

Formemus nobis exempli causâ tale arcanum nulli committendum.

Est mihi ad principem meum quoddam arcanum nulli penitus communicandum. Id mandare literis, ne per negligentiam vel oblivionem desertæ legantur, non audeo: multo minus per hominem nunciare illud volo, ne & aliis per ipsum quomodolibet revelatum iri contingat. Artis itaque hujus mysterium pertentare placet, per quod arcanum meum omni tempore manebit occultum. Scribamus literas, qualescunque placuerit, quæ nullius vereantur conspectum.

Serenissimo Principi, Domino Philippo, Comiti Palatino Rheni, Duci Bavariæ, sacri Romani Imperii Archidapifero, Principi Electori, Ioannes Tritbemius Abbas Spanbeimensis cum orationibus famulatum.

Illustrissime princeps Cum *Humili subjectione servitutem.* Benignitas Inlyti Ducatus *vestri mihi præcepit* V*t* V*erbis* Ex*positas* R*es quasdam occultissimas literis commendarem.* Gauderem Non Absq; *Devota* Ex*ultatione, si pares voluntati vires accederent*, *Beneficiis* Ex*hibitis* H*onestissimum* A*ptioremq;* L*ocum* D*istribuere, & obsequium gratiæ debitum humiliter exhibere.* D*etinet* I*mbecillitatem* C*ordis* O*peris* N*ovitas* S*ine* T*ramite præcedentis subeundi, cui me longè imparem scio*: H*abebit* E*nim* I*ngentem* M*agnumq;* L*aborem* I*ncutitq;* C*onatibus* H*ebetudinem meis plurimam, vires tamen experiar, gratiæ vestræ obsecuturus*; B*enignissimum* I*udicem* S*ine* D*ubio* A*ccessurus* S*i* B*onæ voluntati meæ non affuerit optata complendi possibilitas*, U*bi* C*umulatissimâ* H*umanitate* G*loriosus* E*t* M*agnificentissimus princeps, amator defensorq; literarum sententiam dicit,* A*d* C*ujus* H*umanissimum* T*utamen* V*niversitas heidelbergensis multis ornata doctissimis, eruditissimisq;* V*iris* I*ngenio* R*ecentissimis* T*ranscendit omnia per alemanniam gymnasia.* I*taq;* C*larissime* H*umanissimeq; princeps si quid* H*abeo* A*ut sum totum* B*enignitati vestræ* N*ovi* O*bnoxium*, *quod exhibere* C*um* H*umili* S*ubjectione semper promptissimè curabo.* E*t* L*icet* S*int* A*lii sapientiores qui hoc opus* M*elius* V*el* V*tilius* O*rnatiusq;* N*on mediocriter reddere potuissent, volui tamen* D*evotissimum* E*t* R*ectum* L*ætumque* I*n* G*ratiam vestram animum meum ostendere utcunque, &* E*xperiri* D*e* I*nventis* N*oviter* G*randibus, quæ alium credo non invenisse.* Datæ 16. Calend. Aprilis. Anno Domini millesimo quingentesimo. ξ.

Literas

Liber primus.

Literas has vel quaslibet alias ſuſcipiens, cui mittuntur in arte perito inrer characterem Armadielis: quo cognito vertat ſe, quo ars mandat vertendum & dicat carmen

Conjuratio. 2.

Armadiel afran meſon caſayr pelodyn cauoti chameron therſoui marbeuon pheor caſoyn myruoſi lyburmy deonchubis archa marſon *Clavis & Senſus.*

aFrAnCaSaYr CaVoTiThErSoUy PhEoRmYr VoSyDeOnChVbIs. *Senſus.* Fac ſicut te ſuperius docui.

Hac conjuratione debito modo completâ, miſſus ſpiritus palam apparebit, ſibique commiſſa à mittente arcana revelabit in aurem fideliter, nihil addens minuensve, & ſi quid illi denuo fuerit ab illo commiſſum ut referat operanti, à quo miſſus eſt: fiat quod ab arte præcipitur; & obtemperabit.

Tenor arcani latentis.

Ich bid uwer Gnade behald di conſt heimlich biß das Buch gemacht wirt ich hab noch ſelſame wunderlige Ding.

CAP. XVI.

Cujus Princeps Baruchas in ea plaga moratur, unde ventus flare conſuevit, qui appellatur Vulturnus, habens ſub ſe principes multos & ſervos, qui ſunt ſuper commiſſiones dominorum occultas nuntiatores.

MAnſioni autem decimæ ſextæ ad vulturnum ventum ſituatæ præſidet magnus Imperator Baruchas, qui habet ſub ſuo imperio multos principes, duces & alios ſpiritus, quorum officium eſt nuntiare occultas & ſecretiſſimas commiſſiones Principum, nobilium & dominorum, ſubditis eorum vel amicis. Ex his nominabimus tibi 15. qui ſufficient omni operanti in ſteganographiâ: & non habent inter ſe diviſiones vel ordines pro die & nocte ſicut cæteri, ſed omnes habent commiſſionem de omnibus in generali, ita, ut, quicunque qualibet hora vocatus fuerit ab operante, venire cogatur.

Roth.	Schw.	R.	S	R	S	R	S	R
Quita	Cartael	Monael	100	10	600	60	500	50
Sarael	Janiel	Chubor	200	20	700	70	400	40
Melchon	Pharol	Samael	300	30	800	80	300	30

Couayr

Leicht verblassende Seite aus der „Steganographia" – Druckfassung Mainz 1676.
Man beachte die deutsch gehaltene frohe Geheimbotschaft!

den Geheimnamen kosmischer Intelligenzen, wie sie in der Engelsmagie angerufen werden. „Trithemius Steganographia is partly a treatise on cryptography in which the methods of encipherment are disguised as demonic magic and partly a treatise on demonic magic“ (Walker, 1958: 89).

Die Suche nach neuen Ausdrucksformen spiritueller Erfahrungsmöglichkeiten hatte Trithemius noch vor 1500 auf den um Reformen bemühten Kardinal Nikolaus von Kues (Cusanus), sein Buch *Das Globusspiel* und die berühmte Schrift über die

Bildnis des Nikolaus Cusanus, Holzschnitt aus dem 15. Jahrhundert

Jagd nach Weisheit *De venatione sapientiae* gebracht. Als Vertreter einer mystischen Gottesschau zwischen Orthodoxie und Ketzerei beeinflußte von Kues mit seinem Glauben an das Zusammenfließen aller Kräfte in Gott und entsprechenden Anschauungen über die Grenzenlosigkeit des Universums die hermetische Philosophie vom 15. bis 17. Jahrhundert und ihre Vertreter Ficino, Pico, Nettesheim, Bruno und Fludd. Wie

Trithemius nach ihm verfügte der findige Kardinal über eine große Bibliothek, sowie ausdauernden Lese- und Schreibfleiß beim Aufspüren und Enträtseln geheimnisvoller Zusammenhänge, um die Attraktivität des christlichen Glaubens zu erhöhen. „Im *Globusspiel* wird die Erfindung des Neuen zur Möglichkeit der Selbsterfahrung, die die Seele mit sich macht, um sich ihrer Kraft als Selbstbewegung zu versichern. Der Unterschied zwischen Mensch und Tier wird zugespitzt auf gerade diese Spezifität, daß der Mensch auf den Gedanken kommt, sich neue Spiele zu erfinden. Ferner: Allein der Mensch vermag sich bei Mangel an Licht zu helfen und mit einer Lampe Sicht zu verschaffen, er allein kann dem Mangel des Sehvermögens mit einer Brille aufhelfen und durch die Kunst der Perspektive die Irrtümer des Sehens korrigieren“ (Blumenberg, 1996: 623).

Als Trithemius 1499 in dem verhängnisvollen Brief an den Genter Karmeliter Bosch (Bostius) sein neues Schreibvorhaben darlegte und mit unverblümter Ruhmredigkeit die Geheimnisse seines Wunder(spiel)buches ausposaunte, gedachte er dem inzwischen verstorbenen Ordenshistoriker Bosch möglicherweise in cusanischer Manier zu beweisen, wie weitreichend mönchische Bildung angelegt sein kann. „Wissen lauert im Zipfel einer Mönchskapuze“, lautete das zum Wahlspruch erkorene Bildungsmotto des Abtes. Mit der vollmundigen Ankündigung seines aufsehenerregenden Beitrages zur Buchmetaphysik wollte Trithemius die ausgetretenen Pfade konventioneller Bildungsbeflissenheit weit hinter sich lassen und zu neuen Ufern vorstoßen: „Das erste Buch enthält nämlich mehr als hundert Arten von Geheimschriften, wodurch man ohne Verdacht und ohne Versetzung der Buchstaben seine geheime Absicht einem Briefe anvertrauen kann, so daß Niemand, der in diese Kunst nicht eingeweiht ist, den Inhalt des Briefes, der aus ganz unschuldigen und freundschaftlichen Worten besteht, errathen kann. Noch Wunderbareres wird das zweite Buch enthalten, die Kunst nämlich, meine Gedanken dem Eingeweihten auf jegliche Entfernung, sei es auch auf 100 Meilen und mehr, ohne Worte, Schrift oder Zeichen durch was immer für einen Boten mitzutheilen, und zwar so, daß, wenn dieser auf dem Wege gefangen genommen und durch die Tortur zur Antwort gezwungen würde, er nichts von meiner Botschaft, die ihm gänzlich unbekannt ist, bekennen kann, und die Menschen der ganzen Welt dieselbe nicht ausfindig machen können. Ferner die Kunst, dem Eingeweihten meinen Willen auch ohne Boten kund zu thun, mag derselbe gleich drei Meilen tief unten im Kerker schmachten. Und dieses Alles zu thun, wann und so oft man will, ohne Hilfe abergläubischer Mittel und ohne Beistand von Geistern. Das dritte Buch soll dann die Kunst lehren, einem Menschen, der bloß seine Muttersprache versteht, in zwei Stunden vollkommen lateinisch lesen und schreiben zu lernen und zwar mit Verständnis des Lateinischen. Das vierte Buch endlich wird viele staunenswerthe, jedoch rein natürliche Experimente enthalten, wie die Kunst meinen Willen dem in dieselbe Eingeweihten während des Essens oder Sitzens in Gegenwart Anderer ohne Worte oder Winke, ja selbst während des Sprechens, Predigens, Spielens auf der Orgel oder Singens ohne Hinderniß der Handlung irgend Jemandes auf's Geheimste, sogar mit geschlossenen Augen mitzutheilen, und a dgl. Viele gelehrte Männer, denen ich dieses kund that, wunderten sich hierüber und hielten es für unmöglich; ich aber erklärte ihnen und sage es auch dir, daß vieles natürlich möglich sei, was denen, welche die Kräfte der Natur nicht kennen, unmöglich oder übernatürlich erscheint, damit du mich nicht für einen Zauberer hältst, sondern für einen Philosophen. Denn wie es dem Albertus Magnus begegnete, daß er wegen der wunderbaren Dinge, die er durch die geheimen Kräfte der Natur bewirkte, für einen Zauberer vom

Pöbel gehalten wurde, so könnte das auch bei mir der Fall sein. Uebringens habe ich das nicht von einem Menschen gelernt, sondern durch irgend eine, ich weiß selbst nicht welche, Offenbarung. Denn als ich mich in diesem Jahre im Geiste mit diesen wunderbaren Dingen beschäftigte und schon daran als Unmöglichkeiten verzweifelte, erschien mir Nachts, als ich vom Nachdenken hierüber ermattet eingeschlafen war, Jemand, der zu mir sprach: Trithemius, was du im Kopfe hast, sind nicht eitle Sachen, wenn gleich sie dir unmöglich sind, und weder du, noch ein Anderer mit dir, sie erfinden kannst. Und ich sprach zu ihm: Wenn sie also möglich sind, so sage es mir, ich beschwöre dich, wie. Und er öffnete hierauf seinen Mund und lehrte mich alles einzeln der Ordnung nach und zeigte mir, wie leicht das verwirklicht werden könne, worüber ich viele Tage vergebens nachgedacht habe. Bei Gott ich sage die Wahrheit und lüge nicht: Niemandem habe ich noch dieses gelehrt, außer einem Fürsten, dem ich schreibe, obwohl ich dieses Alles in jeder Sprache der Welt, die ich nie gehört habe, lehren kann" (dt. bei Silbernagl, 1868: 97f).

Da der eigentliche Empfänger Bosch inzwischen das Zeitliche gesegnet hatte, öffnete der Prior der Genter Karmeliter eigenmächtig den großsprecherischen Brief, der rhetorisch gesehen der mittelalterlichen Visionsliteratur und dem in „Offenbarung 10" als himmlische Begnadung geschilderten Traum vom prophetischen Bücheressen verbunden ist. Der Karmeliterabt vor Ort war kein Freund des Trithemius und dürfte über den magischen Inhalt und die offen an praktizierbare Ketzerei erinnernden Versprechungen aus allen Wolken gefallen sein. Erbost setzte er den Brief durch Abschriften in Umlauf, und wie ein Steppenbrand verbreitete sich in geistlichen und weltlichen Kreisen die Kunde vom zum Magier in der Kutte mutierten Kleriker und seinem zweifelhaften Ruhm. Allgemein verfestigte sich die Ansicht, daß die von Trithemius angekündigten Vorgehensweisen nur unter Beihilfe von Dämonen auszuführen wären. Weitere Abschriften lieferten Trithemius-Gegnern in Frankreich und Deutschland neue Munition für die lautstarke Ablehnung eines elitären Zauberwissens. Den fatalen Brief muß man als vom Feuerkopf Trithemius selbst fabrizierte Initialzündung zu einer bis heute in leichten Abwandlungen immer wieder vorgebrachten Legendenbildung um seine zauberhaften Fähigkeiten sehen. Schmerzlich sollte das Negativecho des durch den Brief offenkundig gewordenen Skandals auf seinen Verursacher zurückfallen.

Heimlich, still und inzwischen leise geworden, arbeitete Trithemius weiter am Manuskript der *Steganographia*, deren ersten Teil er am 27. März 1500 unter vielen Abweichungen vom ursprünglich skizzierten Schreibprojekt vollenden konnte. An den Pfalzgrafen Philipp richtete er eine Vorrede, in der er sich gegen die Zaubereianschuldigungen zur Wehr setzte. Die zu offenbarende Kunst beinhalte nichts Anstößiges. Schon die alten Griechen und sogar Moses sollen die Kunst der Verschlüsselung von Botschaften und Geheimnissen der Religion gegenüber Uneingeweihten verstanden und gepflegt haben. Nur durch andauernde Studien und eine hohe Einfallsgabe sei die Kunst der Verrätselung zu erlernen.

Ohne rhetorisches Imponiergehabe präsentierte Trithemius in einunddreißig Kapiteln des ersten Buches genausoviele Chiffrierweisen für die geheime, sichere Übermittlung von Nachrichten, Botschaften und Briefen. „An der Spitze eines jeden Kapitels steht ein Geistername, gleichsam als Träger der hier enthaltenen Geheimschrift, dem dann wieder mehrere untergeordnete Geister, welche Worte oder Sylben bezeichnen, zur Seite stehen. Die Geisternamen sind beim ersten Buch aus der Kabbalah, im zweiten aus dem sogenannten Schlüssel Salomonis oder aus den Werken des Hermes genommen. Die Geheimschrift selbst oder vielmehr die Regeln für die Anwendung derselben sind in den Beschwörungen enthalten" (Silbernagl, 1868: 102).

Das zweite Buch mit vierundzwanzig weiteren Codierweisen beendete der seine Rechtgläubigkeit unterstreichende Trithemius am 20. April mit der Versicherung, daß bei der Geheimschreibkünstlerei alles mit rechten Dingen zugehen und Verschlüsselung eben auch Mißbrauch verhindern würde. Dies versicherte ebenfalls der um die Reinwaschung vom Magievorwurf bemühte Trithemius-Exeget und Herausgeber der gedruckten *Steganographia* Wolfgang Ernesto Heidel. Der findige Jurist mochte in der magischen Einkleidung der Chiffrieranweisung nur eine manieristische Spielerei zur Verschleierung der eigentlich rationalen Absichten erkennen*. 1676 konnte er einige der vermeintlichen Zauberformeln wie

„Pamersiel A**n**o**y**r **M**a**d**r**i**s**e**l **E**b**r**a**s**o**t**h**e**a**n** A**b**r**u**l**g**e**s** I**t**r**a**s**b**i**e**l **N**a**d**r**e**s **O**r**m**e**n**u **I**t**u**l**e**s **R**a**b**l**o**n Hamorphie"

als Anweisung zur Decodierung

„Nym die ersten Bugstaben de omni uerbo"

teilzuentschlüsseln. Dabei zählen nur die hier fettgedruckten Buchstaben unter Weglassung des ersten und des letzten Wortes. Immer wieder durchziehen den auf die vierundzwanzig Tagesstunden ausgerichteten Text lange Passagen mit Spekulationen über die Hierarchien der Geister, denen man Aufträge zur Nachrichtenübermittlung erteilen kann.

„Die fünfte Stunde der Nacht heisst Sanayfar, deren erster Engel und oberster Gebieter, Abasdarhon, Herzöge, Grafen und viele Diener unter sich hat, die in 12 Ordnungen geteilt

* Siehe auch Kapitel VII

sind. In der ersten Reihe befinden sich 10, in der zweiten 20 u.s.w., in der zehnten 100, in der elften 1 000 und in der zwölften 100 000 Geister. Durch diese wird jede Operation der Steganographia in der fünften Stunde der Nacht bewerkstelligt. Hierauf werden die barbarischen Namen von drei mal acht oder 24 Geistern Abasdarhon angeführt, von denen jeder 100 Diener hat. Die zwölf ersten jener Geister sind Herzöge und die zwölf übrigen Grafen; in jeder Reihe befinden sich zwei, nämlich ein Herzog und ein Graf. Als deputierte Diener ergeben sich 3 mal 800, dazu für den regierenden Herrn 1 mal 800, also zusammen 3 200, deren sich die Geister abwechselnd in den verschiedenen magischen Operationen bedienen. Wie die weisen, in magischen Dingen sehr erfahrenen Männer Sa-

Doktor Faust und der Dämon: Wer überlistet wen?
Nach Marlowes „Doctor Faustus" in der Edition von 1636

lomon und Raziel sagen, und wie wir selbst häufig gefunden haben, pflegen die Fürsten Abasdarhon, in welcher Form sie immerhin von dem Operierenden gerufen werden, zu erscheinen. Wenn du nun durch dieselben in der Steganographie während der fünften Stunde der Nacht operieren willst, so beobachte den Dominus ascendentis und schreibe diesen sowie die ganze Disposition des Himmels auf ein reines Blatt Papier mit allem übrigen, was wir gelehrt haben, und setze auf die Rückseite das Zeichen des aufsteigenden Geistes nebst folgender Beschwörung:

Abasdorhon moria Lafias tharvnan Buel dreschin tayr Moab ersoty layr pornys theori mean asar penason.

Wenn hierauf alle Vorschriften erfüllt sind, so werden dir, sobald du die Beschwörung gesprochen hast, die Geister erscheinen, welche du gerufen hast, bereit zu allem, was du ihnen vorschreibst“ (dt. zitiert nach Schneegans, 1882: 202).

Hätten manche Zeitgenossen diese zu seinen Lebzeiten ungedruckt gebliebene Passage über die Hierarchie der Geistwesen lesen können, so wären sie dem Autor mit noch viel größerem Mißtrauen begegnet. Um den Verdacht, er wäre ein verkappter Magier, nicht weiter zu nähren, brach Trithemius 1507 die Arbeit an der *Steganographia* ab und ließ einige kurze Passagen in mehr oder minder umgeschriebener Form in die Sammelschrift *Polygraphia* einfließen.

Trithemius ging seinen Alltagspflichten nach und versuchte den von ihm selbst heraufbeschworenen Skandal zu vergessen. In den Jahren 1500 bis 1505 unternahm er überwiegend im Sommer ausgedehnte Visitationsreisen im Schwabenland, in Franken und im Rheinland. Selbstverständlich richtete er sein Augenmerk auf den jeweiligen Buchbestand der zu besuchenden Klöster – und wurde in der Art eines gewieften Schatzsuchers meistens fündig, was die Regale in Sponheim mit mehrsprachigen Büchern aller Wissensgebiete füllte.

Viele Sponheimer Mönche stießen sich an dem Eifer des jungen Abtes, der ihnen Fleiß und Schweiß predigte und in der alltäglichen Praxis auch tatsächlich Beine machte. Einige schwärzten Trithemius sogar bei den das Kloster und seine Insassen inspizierenden Visitatoren an und meinten, man hätte lieber einen Bauern als einen Redner zum Vorsteher gehabt. Den Visitatoren wurden auch entsprechende Winke zugespielt, sie sollten den Abt doch von seinen Studien und dem manchen schon unheimlich vorkommenden Sammeleifer abbringen.

Mit einem kultur- und religionsgeschichtlichem Exkurs über die Bücherliebe rechtfertigte Trithemius gelegentlich auch schriftlich den eigenen Sammeleifer. Den Wert der durch Bücher vermittelten Bildung wollte er als festen Bestandteil der christlichen Kultur hoch veranschlagt sehen: „Wenn der Besitz vieler Bücher wirklich zu tadeln ist, da zur Heilslehre wenige ausreichen, dann gestehen sie damit zugleich ein, daß es von Übel ist, daß die heiligen Väter viele, nahezu zahllose Bücher geschrieben haben. Warum hat dann Origines 6 000, Augustinus 1 000, Ambrosius 200, warum Hieronymus 300 Bücher verfaßt, wenn auch wenige ausreichen, ein gutes Leben zu führen? Oder vielleicht soll es nur erlaubt sein, viele zu schreiben, nicht jedoch, sie zu besitzen? Wenn es von Übel sein soll, viele Bücher zu erwerben, warum verwandten dann die heiligen Väter soviel Sorgfalt auf das Sammeln und Schreiben von Büchern? Also seid ihr töricht, wenn ihr das Gute für schlecht und das Schlechte für gut erklärt, indem ihr ohne Unterschied gegen die Bücherliebhaber schimpft, und euch sogar nicht scheut, den heiligen Vätern zu widersprechen; denn indem ihr die tadelt, die ihnen nachfolgen, beschuldigt ihr gleichsam sie selbst, mit schlechtem Beispiel vorangegangen zu sein. Wenn es schlecht sein soll, etwas nachzuahmen, wie kann dann das Vorbild gut sein? Da du aber den Eifer der Heiligen nicht guten Gewissens tadeln kannst, gib es auf, ihre Nachahmer zu beschimpfen. Was für jene gut war, wird für diese nicht schlecht sein" (DE LAUDE SCRIPTORUM, 1973: 89).

Viel Besuch sorgte auch im Jahr 1501 für Ablenkungen und kleine Arbeitsaufträge: „In diesem Jahr kam auch der badische Markgraf Christoph III. hierher, nachdem er seine Begleiter nach Winterburg vorausgeschickt hatte, damit ihre große Zahl uns nicht zur Last falle. Er kam nämlich, um die Bibliothek zu sehen und auch, weil er einige Geheimmittel abschreiben und kennenlernen wollte, derentwegen er im vorigen Jahr den Trithemius in sein Schloß Lützenburg gerufen hatte" (CHRONIKON SPANHEIMENSE, 1969: 220).

Ein Jahr später führte der Abt eine Inventur des Klosterbesitzes durch, und hat dabei „die Bücher seiner Bibliothek durchgesehen und fand darin 1 646 Bände, die er – außer 40 Nummern – alle selbst in der Zeit seines Regiments zusammengebracht hat. Zuletzt hat er viele Bände in griechischer Sprache gekauft, deren Kenntnis er erlangt hatte. Auch im Hebräischen hat er einige Bände, was bis zu diesem Jahr gekauft war, und alle, jeden für sich, in einem Register – mit ihren Namen – sorgfältig aufgeschrieben und festgehalten" (CHRONIKON SPANHEIMENSE, 1969: 225).

Eine zersprungene Glocke ließ Trithemius durch einen Neuguß ersetzen, den das inzwischen wohlhabende Kloster gleich bezahlen konnte. Feierlich wurde die neue Glocke geweiht und in die Höhe gezogen, als müßte sie den Aufstiegsträumen Gestalt geben. Das Sommerrefektorium ließ Trithemius von einem unbekannten Künstler mit imaginären Portraits der von ihm in seiner „Sponheimer Chronik" vorgeführten Äbte verzieren.

In den Jahren 1502 und 1503 grassierte die Pest in Deutschland und forderte viele Opfer, unter denen sich auch fünf Brüder des Klosters und die halbe Einwohnerschaft des Ortes Sponheim befanden. Bitter beklagte Trithemius den Seuchentod seines alten Förderers und Anregers zum Erwerb humanistischer Gelehrsamkeit, Johannes Dalberg, vormals Bischof von Worms. Zwischen den beiden Kirchenmännern hatten stets freundschaftliche Beziehungen geherrscht, die auf gemeinsame humanistische Neigungen, literarische Interessen und Arbeit an Reformbestrebungen innerhalb der Kirche gegründet waren.

Der mit Trithemius befreundete Abt Blasius des berühmten Klosters Hirschau verstarb ebenfalls 1503. In seinem bezahlten Auftrag hatte Trithemius bereits 1495 phasenweise die Gründungsgeschichte des Klosters geschrieben und den Text vorangebracht. Auf die Todesnachricht hin unterbrach er die Arbeit an der die Jahre 830 bis 1370 umfassenden Chronik, die er bei seinem Fortgang zunächst unvollendet in Sponheim zurückließ und Jahre später in Würzburg weiterbearbeiten sollte. 1503 sorgte Trithemius für die Errichtung neuer Stallungen und für den Wiederaufbau der längst verfallenen Klostermühle. Wahrscheinlich im Jahr 1504 empfing Trithemius einen Besucher aus Frankreich, von dem er zu diesem Zeitpunkt noch nicht ahnen konnte, daß dieser Mann sich später als verleumderischer Feind zu erkennen geben würde. Der zweifelhafte Ruf der *Steganographia* als Zauberbuch und Gerüchte über die merkwürdige Kunstfertigkeit ihres Verfassers hatten den bekannten Philosophen Charles de Bouelles alias Carolus Bovillus nach Sponheim gelockt. Nach gewohnt herzlichem Empfang und Gesprächen über Theologie und Philosophie zeigte Trithemius dem Gast das Kloster, die Bibliothek mit ihren Schätzen, eigene Bücher und Manuskripte und endlich auch die geheimnisumwitterte *Steganographia* in unvollendeter Form. Zunächst erfreut, doch dann mit steigendem Entsetzen über die vermeintlichen Dämonenbeschwörungen durchblätterte de Bouelles zwei Stunden lang die Aufzeichnungen.

Geistlicher zwischen Narr und Teufel, Holzschnitt 1516

In einem bösen Schmähbrief faßte Bouelles 1509 im Rückblick die Eindrücke seines Besuches beim Sponheimer Zauberabt zusammen: „Ich hab mich zum Trithemio verfüget / welchen ich wol als einen trefflichen Zauberer / aber darneben in keinem Stück der Philosophi gefaßt / befunden hab / ein Buch hat er geschmidtet / und demselben den Namen Steganographia gegeben / welches ich überrumpelt / und nicht mehr dann etlicher Capitulen Anfang gelesen / aber kaum zwo Stund in Händen behalten / und negsten von mir geworffen hab / dann mich ein Grausen und Schröcken ankam / von wegen solcher Beschwehrungen / und so Barbarischer und ungebräuchlicher Namen der Geister / ich hätte schier gesagt / der Teuffeln /

welche meines Bedunckens mehrer Theil aus frembden Sprachen / Arabischer / Chaldeischer / Hebraeischer / Grichischer (dann der Lateinischen keine oder gar wenig) genommen sind: Aber ein Unzahl seltsamer Zeichen / damit die Beschwehrungen bezeichnet / werden da gefunden“ (STEGANOGRAPHIA, dt. zitiert nach Heidel, 1676: 69).

Ein Großteil seiner Wut dürfte sich aus Unverständnis gegenüber dem Gesehenen, wahrscheinlich gepaart mit Neid* auf den Verfasser des Kunstproduktes, und Empörung über den Umstand, daß ihn Trithemius nicht in die Geheimnisse eingeweiht hatte, gespeist haben. Trotz dieser verfehlten Initiation gab sich der Besucher Bouelles leutselig, lobte das Gesehene, aber nicht Erschlossene, und reiste nach Paris zurück. Dort schwärzte er in den Gelehrtenzirkeln den Abt als Erzzauberer an, vor dem man sich in Acht nehmen müsse.

Der einflußreiche Bouelles verfaßte 1510 seine aufsehenerregende Schrift *De sapiente* über den Prometheus-Mythos. Geschickt verwandelte er den urweisen Kulturheros der Antike in eine Demonstrationsfigur für die Entwicklungsfähigkeit der Individualität im Menschen. Der große Erasmus hielt Bouelles Werke und besonders die über Zahlenmystik für unlesbar (Thorndike, Bd. VII, 442). 1511 legte Bouelles ein Werk über das Leben des katalanischen Mystikers, Kombinationskünstlers und Poeten Ramon Lull vor, dessen Kunst und Schriften zur Spiritualität auch Trithemius interessierten.

Die *artes magicae* und die wunderlich anmutenden Künste der *magia naturalis* waren Trithemius geläufig, selbst wenn er sie praktisch nicht so betrieb, wie ihm das seine zahlreichen und auf Rufschädigung bedachten Gegner immer wieder unterstellten. Wie andere Gelehrte seiner Zeit interessierte sich

* „Sein Hauptgegner, Charles de Bouelles (Bovillus) war zweifelsohne selbst Magier, bzw. enttäuschter Magier, und griff Trithemius mit schwer verständlicher Boshaftigkeit an“ (Borchardt, 1991: 18).

Trithemius für die Spielarten der *magia naturalis*, Zahlen- und Buchstabenmystik, Trancetechniken, Sympathiedenken etc. und hielt an der Überzeugung fest, daß die Naturmagie Teil des ausbaufähigen Wissenschaftsprogramms sei. Mittels natürlicher, also weißer Magie beziehungsweise Naturphilosophie lasse sich Wunderbares auf natürliche Weise bewirken, schrieb der Abt im Mai 1503 in einem Brief an den um Aufklärung bittenden Grafen Johann von Westerburg. Brieflich sei diese einfache, nützliche und erlaubte * Kunst allerdings nicht zu lehren. Selbstverständlich durfte auch hier die Versicherung nicht fehlen, daß die Lektüre einiger Bücher von selbsternannten Magieexperten Trithemius persönlich wenig gegeben hätte und die Kenntnis gewisser Praktiken noch nicht ihre Ausübung bedeute. „Über alle Arten der verdammten Magie gibt es Bücher unterschiedlicher Autoren, die zu besitzen und bei Gelegenheit, wenn es für die Widerlegung der bösen Kunst nötig ist, auch zu lesen ernsten Männern der Wissenschaft und keuschen Geistern kein Unrecht ist, doch bringt es ungelehrten und fleischlich gesinnten Menschen zweifellos Schaden, wenn sie dieselben unerlaubt zu eigen haben und lesen" (dt. zitiert bei Jacoby, 1931: 211), bemerkte der vorsichtig gewordene Trithemius in seinem Rechenschaftsbericht *Nepiachus*.

Wissen kann unter Umständen Wunder erzeugen, verkündete Trithemius in einem Brief des Sommers 1505. Wissen ohne Gottesliebe, Selbsterkenntnis, Fleiß, Tugend, Sprachbegabung und Kenntnis des Gesetzes der Entsprechungen („similia similibus curantur" – „Ähnliches wirkt auf Ähnliches") taugt allerdings nichts. „Studien führen zu Wissen, Wissen erzeugt Liebe, Liebe bringt Ähnlichkeit hervor, Ähnlichkeit führt zu Gemeinschaft, Gemeinschaft erzeugt Tugend, Tugend führt zu Macht und Macht erzeugt Wunder. Dies ist der einzige Weg

* Natürlich war sie nicht erlaubt.

zum Ziel einer vollkommenen, gleichermaßen göttlichen wie natürlichen Magie, gänzlich verschieden von diabolischer Zauberei und abseits von allem Aberglauben“ (OPP. hist. II, 1601: 471f., dt. von M. K.).

Die Welt stecke voller auf Lösung wartender Rätsel, die Geheimnisse der Religion seinen durch Inspiration, Wissensdrang und durch göttliche Offenbarung entschlüsselbar. Immer wieder seien echte und falsche Wundermänner in Erscheinung getreten, die in Kenntnis verborgener Naturkräfte Mysterien enthüllt und durch *mirabilia opera* viel Erstaunen ausgelöst hätten. In seiner Sponheimer Klosterchronik verzeichnete Trithemius mehrere Auftritte von Wanderphilosophen und Wundermännern: „In diesen Tagen (1501) ist zu Lyon in Gallien ein Mensch aufgetreten, ein geborener Italiener namens Johannes, der sich aber wegen seiner umfassenden Kenntnis der alten Gelehrten, die er öffentlich erklärte, lieber Merkurius nennen ließ. Er hatte seine Frau und einen Sohn bei sich, alle drei in Linnenkleidern, und trug in Nachahmung des alten Philosophen Apollonius von Thyane – wie Danus bezeugt – eine eiserne Kette am Hals. Er versprach große Dinge und rühmte sich, das Wissen aller alten Hebräer, Griechen und Lateiner voll und ganz zu besitzen. Als ein Verächter der Alten meinte er, sie alle an Bildung zu überragen und versicherte, niemand von den Griechen oder Lateinern außer ihm allein sei ein Weiser gewesen. Nur er allein habe alles Wissen der Welt vollkommen gemacht, und er behauptete, er sei der tiefste Erklärer aller natürlichen und verborgenen Dinge. Öffentlich zeigte er eine große Würde, war im Auftreten und in seinen Gewohnheiten ernst und führte bei aller Lügenhaftigkeit das Leben eines Propheten. Er behauptete, daß er zu den höchsten Dingen geboren und voll göttlicher Wirkung sei, versprach eine wirkliche Umwandelung der Metalle und wollte als jemand angesehen werden, dem nichts unbekannt sei. Er könne auch

Glück zu Unglück, oder Unglück zu Glück machen. Das alles versprach er und folgte dabei der Kunst der natürlichen Magie, die, wie man weiß, die alten Könige und Weisen wert gehalten hatten. Eine Zeitlang stand er bei dem französischen König in Ansehen, dem er angeblich zwei unübertroffene Geschenke mitgebracht haben soll. Das eine war ein Schwert, ganz angefüllt mit 180 kleinen Schwertern, das andere aber ein mit einem wunderbaren Spiegel geschmückter Schild. Diese zwei Wunderwerke, die unter einer bestimmten Konstellation auf geheimnisvolle Weise gefertigt worden seien, beschrieb er in einem Büchlein und erklärte, sie könnten durch natürliche Kraft eine geheime Wirkung zustande bringen. Schließlich wollte der König die Wissenschaft dieses Menschen prüfen und ließ alle Ärzte zu einer Disputation zusammenkommen, die dem König nach gehaltenem Examen erklärten, daß er mehr als alle Menschen wisse und alle an Weisheit übertreffe. Das Gold, das ihm der König schenkte, verteilte er unter die Armen und behielt, mit seiner Armut zufrieden, fast nichts zurück“ (CHRONIKON SPANHEIMENSE, 1969: 223).

Die Zeit, in der der schwarze Abt von Sponheim hatte ungestört studieren und träumen können, lief unwiederbringlich ab. Als unliebsame Begleiterscheinung des bayerischen Erbfolgekrieges kam es 1504 zu Plünderungen, Verheerungen und Brandschatzung durch Söldner und marodierendes Gesindel in der Nähe von Sponheim. Auch das benachbart gelegene Wilhelmitenkloster Marienpfort wurde nicht verschont und von der entfesselten Soldateska geplündert. Nur durch die Herausgabe aller transportablen Güter und die Bezahlung von „Schutzgeld“ in Höhe von zweihundert Goldgulden, konnte der Prior vor Ort verhindern, daß man seinem Kloster den roten Hahn auf's Dach setzte. Überall loderten bereits die Feuer brennender Dörfer und Gehöfte, selbst Kirchen wurden nicht verschont. Als Trithemius von den Gewalttaten und Erpressungen hörte, ließ er

Auszug mit zu viel Bürde, Holzschnitt aus Brants „Narrenschiff"

sofort die seltensten Bücher, Papiere und etwas Hausrat zusammentragen und entfloh mit dieser Habe vor der Gefahr nach Kreuznach. Die Bedrohung währte noch lange und erst nach fünf Monaten und vierzehn Tagen konnte der Abt bei Unterzeichnung des Friedens von Kreuznach die Bücherschätze wieder ins Kloster zurückbringen. Die Klosterhöfe fand er niedergebrannt vor, die bereits eingebrachte Ernte war vernichtet oder von der feindlichen Armee verzehrt worden. Insgesamt war der Schaden beträchtlich und Trithemius hatte alle Hände voll zu tun, um seine Maßnahmen zur Schadensbegrenzung in die Wege zu leiten.

Für Trithemius persönlich sollte alles noch viel schlimmere Folgen haben, denn die Stimmung unter den Sponheimer

Mönchen war schlecht bis feindlich, da einige die Parteinahme des Trithemius für die unterlegene pfälzische Seite für die Schäden verantwortlich machten.

Am 1. April, dem Tag der Narren, brach der arglose Trithemius zu einer Reise nach Heidelberg auf, wo sich der Pfalzgraf Philipp wegen der Zukunft des durch Emicho von Leinigen niedergebrannten Klosters Limburg mit dem Abt beraten wollte. Zu diesem Zeitpunkt konnte Trithemius nicht ahnen, daß er sein Bücherkloster als Vorsteher nicht wiedersehen würde. Kaum in Heidelberg angekommen, betrieb die ihm mißgünstig gesonnene Fraktion der Brüder um die von ihm selbst eingesetzten Anstifter der Klosterrebellion, Prior und Kellermeister, ungehindert seine Absetzung. Dieser Teil machte Stimmung gegen den Abt, seinen Studieneifer, seine vielen Gäste und die mißtrauisch beäugten Fremden, die das abgelegene aber nicht mehr verschlafene Kloster zu einem Hort der Unruhe und Wißbegier gemacht hatten. Die Klosterdisziplin fiel wie die Verfleißigungsgebote vielen Mönchen schon lange lästig, und so konnte der schwelende allgemeine Unmut bei Abwesenheit des Trithemius leicht geschürt werden. Sponheim erlebte seine erste und einzige Klosterrebellion.

Das Ansehen der Bibliothek und des Abtes brachte den zur Besitzlosigkeit gezwungenen Mönchen wenig ein, obwohl sich Trithemius nach Lage der Dinge gut um ihr Wohl gekümmert hatte. Der ruchbar gewordene Skandal um den Brief an Bosch (Bostius) hatte schon im Umlauf befindliche Gerüchte um die geheimnisvollen Neigungen des Trithemius zur Magie noch verstärkt und auch die Giftpfeile des Herrn de Bouelles waren schon gespitzt. Standen nicht auch verbotene Bücher in der Bibliothek, vielleicht sogar Werke über die Schwarze Kunst? Wer soviel zu wissen schien wie der schwarze Abt, der mußte mehr können als nur Brot essen und alte Schwarten durchkauen. Nur ein vom Vorwitz gezeichneter Mönch als Anhänger der von den Kirchenvätern *curiositas* genannten und als Sünde verworfenen Wißbegier konnte berechnen, wie dick die Gläser in der Lesebrille des Teufels sein mußten …

Auf dem politisch stets umstrittenen Boden der Tatsachen verursachte die territoriale Lage der Grafschaft Sponheim zwei rivalisierende Schutzherren: den Kurfürsten Philipp von der Pfalz, dem Trithemius zugeneigt war*, und den Herzog Johann von Simmern, von dem der Abt wegen dessen bildungsfeindlichen Kraftsprüchen nichts hielt. Unter den Sponheimer Mönchen hatte der eine wie der andere Territorialherr seine Anhänger. Während des Trithemius' Abwesenheit konnte sich die zu dem Bücherhasser Johann von Simmern haltende Gruppe durchsetzen und verleumdete ihren Abt nach Kräften bei dessen mit Trithemius verfeindetem Kanzler. Dieser nutzte die günstige Gelegenheit und schürte den Argwohn seines Herren.

Unterdessen erkrankte Trithemius in Heidelberg am Wechselfieber, als man ihm die schlechten Neuigkeiten hinterbrachte. Ans Krankenlager gefesselt, konnte er nicht nach Sponheim zurückkehren. Sein Zustand verschlimmerte sich und verhinderte ein beherztes Gegensteuern. Dazu war es auch bald zu spät, da die Gegenseite weiter in schnellen Schritten de facto seine Entmachtung betrieb. Unter Mißachtung der Kloster-Immunität drangen Söldner des Herzogs von Simmern mit fingierten Vorwänden ins Kloster ein. Diener und Anhänger des Trithemius wurden verjagt und teilweise gefangengesetzt. Die Mietlinge des Herzogs brachen auch die Abtwohnung auf

* Seit 1504 stand Trithemius mit diesem Förderer der Künste und Wissenschaften in Beziehung. Fürst Philipp von der Pfalz war auch das Werk über Ursprung und Geschichte der Bayernherzöge *Chronicon successionis ducum Bavariae et comitum Palatinorum* gewidmet. In diesem erst 1544 zu Frankfurt gedruckten Büchlein propagierte Trithemius erstmals seine Version der fixen Idee vom trojanischen Ursprung der Germanen und speziell der Franken.

und durchsuchten die persönliche Habe. Die durch alte Neider und mißliebige Äbte anderer Klöster verstärkten Gegner des Trithemius hatten mit diesem Überraschungscoup die Initiative ergriffen, unter Rechtsbrüchen Fakten geschaffen und wollten sich das Heft des Handelns nicht so einfach wieder aus der Hand schlagen lassen.

Der unglückliche Trithemius geriet außer sich vor Zorn, als er in Heidelberg durch seinen treuen Kaplan von dem dreisten Vorgehen seiner zahlreichen Feinde erfuhr. In seiner Würde gekränkt, als Person beleidigt und in seinen Ambitionen verhöhnt, beschloß Trithemius, nicht eher nach Sponheim zurückzukehren, bis die Übeltäter bestraft und der alte Zustand wiederhergestellt sein würde, was von ihm einen langen Atem verlangte.

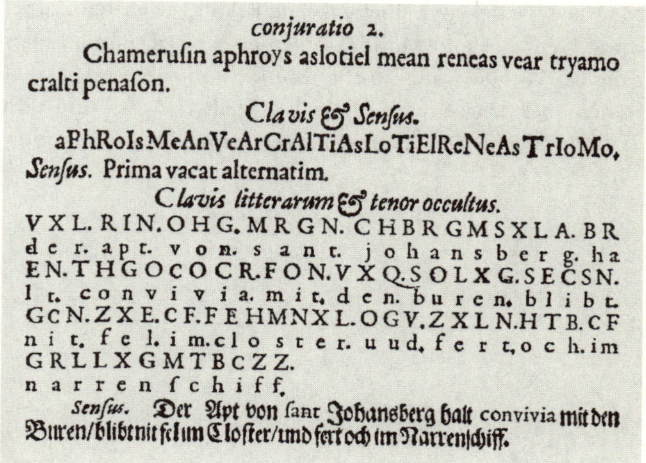

conjuratio 2.

Chameruſin aphroys aslotiel mean reneas vear tryamo cralti penaſon.

Clavis & Senſus.

aPhRoIsMeAnVeArCrAlTiAsLoTiElReNeAsTrIoMo.

Senſus. Prima vacat alternatim.

Clavis litterarum & tenor occultus.

V X L. R I N. O H G. M R G N. C H B R G M S X L A. B R
d e r. a p t. v o n. s a n t. j o h a n s b e r g. h a
E N. T H G O C O C R. F O N. V X Q. S O L X G. S E C S N.
l t. c o n v i v i a. m i t. d e n. b u r e n. b l i b t.
G C N. Z X E. C F. F E H M N X L. O G V. Z X L N. H T B. C F
n i t. f e l. i m. c l o s t e r. u u d. f e r t. o c h. i m
G R L L X G M T B C Z Z.
n a r r e n ſ c h i f f.

Senſus. Der Apt von ſant Johansberg halt convivia mit den Buren/blibt nit fel im Cloſter/und fert och im Narrenſchiff.

Auf Buchstabenversetzung um 16 Zähler beruhende Codierweise mit Klartext der wenig schmeichelhaften Art über einen Gegner des Trithemius.
Aus der Druckfassung der „Steganographia" in der Edition Heidels, Mainz 1676, S. 271

Ende April 1505 begab sich der fast bücherlose Trithemius noch immer kränkelnd nach Speyer, um abzuwarten, ob und wie sich die Dinge vielleicht wieder zu seinen Gunsten entwickeln würden. In seinem Leben zeichnete sich ein Bruch ab, und ein Abgrund an Unwägbarkeiten tat sich auf. Schmerzlich wurde Trithemius bewußt, daß durch die andauernde Krise nichts mehr wie vorher sein würde und die Zukunft ungewiß blieb.

Nahezu zwanzig Jahre lang war Trithemius Sommer für Sommer als Klostervisitator unterwegs und für Durchsetzung und inhaltliche Weiterentwicklung der Bursfelder Reformunion in Franken, Schwaben, im Elsaß sowie in den Diözesen Würzburg, Straßburg, Bamberg, Speyer, Mainz, Köln und Trier tätig gewesen. Dreiundzwanzig Jahre, zwei Monate und vierzehn Tage hatte Trithemius dem Kloster Sponheim als Abt gedient. Wie ein Lauffeuer verbreiteten sich am Rhein, an Mosel und Main die Neuigkeiten über das Unglück des gelehrten Trithemius. Gerüchte und Mutmaßungen über Ursachen und Hergang der Vorfälle waren in aller Munde und nährten Spekulationen über das weitere Schicksal des teilweise gern und zum Teil unfreiwillig für Überraschungen sorgenden Trithemius.

IV

Zwischenspielereien und Fürstenbrot in Berlin

Die Verwandlung der tumben Sponheimer Mönche (*ignari*) in lerneifrig nach Bildung strebende Geistliche (*sapienti)* mußte als Fehlschlag verbucht werden. Trithemius hatte als Reformer mit seinen hochfliegenden Plänen eine schmerzliche Niederlage vor der eigenen Klostertür einstecken müssen. Diese und der sich abzeichnende Verlust der berühmten Bibliothek stießen ihm bitter auf. In der Rückschau sah sich Trithemius zeitweilig als Opfer einer hinterhältigen Verschwörung der Klosterinsassen unter Führung des später zum Abt gewählten Priors und des Kellermeisters. Auch der Traum von der eigenen Unersetzbarkeit als Belehrer der Mönche und Hüter der Bücherschätze war geplatzt. Pure Resignation bestimmte eine Weile das Lebensgefühl des Trithemius und behinderte alle zuvor so eifrig betriebenen Aktivitäten.

Am 11. Juni 1505 erreichte den zu Speyer bei einem befreundeten Ordensbruder weilenden Trithemius eine schriftliche Einladung des brandenburgischen Kurfürsten und späteren Lutherfeindes Joachim aus Berlin, der den gelehrten Benediktiner bereits im Jahr 1502 zu einem Besuch eingeladen hatte. In Sorge um das Wohl seines Bücherklosters hatte es Trithemius damals nicht gewagt, die auf günstige Gelegenheiten seiner Abwesenheit lauernden Mönche in ihrem gelegentlich aufsässigen Stimmungen zu verlassen. Im Oktober 1503 kam es zu einer kurzen Begegnung der beiden Männer auf dem Fürstenkonvent zu Frankfurt. Diesmal schlug der Adelige zunächst ein Treffen auf dem Fürstentag in Köln vor, was der in Grübeleien über seine Zukunft und sein Amt verstrickte Trithemius positiv beantwortete.

Bei einem Sturz vom Pferd verstauchte sich Trithemius das linke Bein, das er mehrere Wochen lang ein wenig nachzog. Da der wißbegierige Fürst Reisegeld mitgeschickt hatte, konnte sich Trithemius eine bequeme Mietkutsche für die Fahrt von Speyer nach Mainz am 25. Juni leisten. Während der Reise hatte er einige Diener und viel Gepäck im Gefolge. Mit dem Schiff ging es rheinabwärts weiter, und am 1. Juli traf Trithemius in Bonn ein, wo er freudig durch den Erzbischof Hermann von Köln empfangen wurde. Mit großem Reisestaat traf am 8. Juli Kurfürst Joachim in Bonn ein, wo er sich drei Tage aufhielt. Trithemius schloß sich der Gesellschaft an und begleitete Joachim nach Köln.

Über sein Harmoniestreben*, seinen Hang zu den Spielarten der natürlichen Magie und gegen die Astrologie schrieb der aufstiegsbestrebte Trithemius an den Bischof von Orleans und Cahors Germanus de Ganay, der ihn gern nach Frankreich geholt hätte, in einem Brief vom 30. Juli 1505: „Es gibt eine himmlische Harmonie, welche nicht materiell ist, sondern eine geistige Uebereinstimmung, auf welche wir unsere untergeordneten Angelegenheiten beziehen müssen. Aber es besteht auch eine unverletzliche Uebereinstimmung unter den nach Zahl, Ordnung und Mass im Weltraum verteilten Körpern. Allein diese Harmonie der Sterne hat den Geist nicht gegeben und übt auch keinen Einfluss auf ihn aus. Zu der überirdischen Harmonie ist der Mensch geboren und soll in der Aehnlichkeit derselben leben. Die Gestirne haben kein Bewusstsein und empfinden nicht; sie können daher auch unserm Geiste keine Weisheit beibringen und haben keine Macht über uns, die wir im Geiste wandeln, indem wir auf Jesum Christum vertrauen, der alle Dinge in seiner Gewalt

* Der große niederländische Kulturhistoriker Huizinga hat das steigerungsfähige Streben nach Harmonie einmal „das tiefste Wesen der Renaissance" (Huizinga, 1958: 85) genannt.

hat. Ihm müssen wir nach Kräften bestrebt sein, immer ähnlicher zu werden. Er ist die Weisheit Gottes des Vaters, er ist Quelle und Ursprung der Erkenntnis, er ist der Mittelpunkt des Geistes, und durch ihn sind alle Dinge geschaffen. Darum fort mit den verwegenen Menschen, den eitlen und lügenhaften Astrologen, welche die Menschen täuschen und frivole Dinge vorbringen. Die Stellung der Sterne hat keine Beziehung auf den unsterblichen Geist, auf die natürliche Erkenntnis oder auf die überirdische Weisheit, sondern hier übt nur Körper auf Körper seinen Einfluss aus. Der Geist ist frei und den Sternen nicht unterworfen, sie üben keine Einwirkung auf ihn aus, noch folgt er ihrer Bewegung, sondern hat nur mit dem überirdischen (überhimmlischen) Prinzip Gemeinschaft, von welchem er geschaffen ist und befruchtet wird" (dt. zitiert bei Schneegans, 1882: 244f).

Mit dem neugierigen Kurfürsten Joachim verstand sich Trithemius so prächtig, daß man für den Monat Aufenthalt in Köln Tür an Tür Quartier nahm. In Etappen wurden Gespräche über Gott und die Welt geführt, die manchmal bis tief in die Nacht dauerten. Auch für einige aufgeschlossene Geister aus dem Gefolge avancierte der belesene Abt schnell zu einem begehrten Gesprächspartner beim Frühstück und anderen Gelegenheiten. Es gab kaum ein Wissensgebiet, zu dem der gebildete Abt nichts zu sagen gehabt hätte. Mit Johannes Chapelier, auch Capelerius genannt, einem philosophisch geschulten Mathematiker aus Paris, verstand sich Trithemius besonders gut. In einer stillen Stunde zeigte er ihm handschriftliche Auszüge der berühmt-berüchtigten *Steganographia*.

In eine andere Richtung verliefen die Streitgespräche für und wider die Alchemie mit dem Arzt Jakob von Maseck, wobei Trithemius seine später auch schriftlich festgehaltene Ablehnung unterstrich. „Die Alchemie ist eine jungfräuliche Hure, die viele Liebhaber hat, die aber alle narrt und sich keinem hingibt. Sie macht dumme Leute zu Verrückten, Reiche arm, große Denker zu Narren und alle die, die sie betrogen hat, zu geschwätzigen Betrügern, denn sie behaupten, alles zu wissen, und wissen doch gar nichts" (Partington, 1938: 56).

In Köln wurde Trithemius am 29. Juli auch von König Maximilian empfangen, der längst durch Celtis und andere sich für den Mönch einsetzende Humanisten von dem bekannten Benediktinergelehrten gehört hatte. Mit seinem späteren Gönner erörterte Trithemius vorwiegend religiöse und weltanschauliche Fragen. Nebenbei erwies sich der beredsame Mönch als Kenner der habsburgischen Familiengeschichte oder was er dafür hielt. Der König war auch durch briefliche Hinweise der Humanisten Peutinger und Pirckheimer auf Trithemius aufmerksam geworden, deshalb entließ er ihn mit einem Ehrentitel und einem Geldgeschenk aus der Audienz. „Niemand wunderte sich in jener Zeit darüber, daß der König diesen Magier, der mit Höllengeistern umging, ins Vertrauen zog. Denn Männer, die sich magischer Künste rühmten, waren willkommene Gäste an Höfen von Päpsten und Bischöfen, von katholischen und später auch protestantischen Königen und Fürsten und auf den Schlössern des Adels. Sie übten eine angewandte Wissenschaft aus, die auf überliefertem Bücherwissen beruhte und durch weitere Forschungen und fortgesetzte Experimente stets auf's neue bestätigt zu werden schien. An manchen Universitäten wurden Vorlesungen über das Fach gehalten. Keiner der bahnbrechenden Gelehrten jenes fortschrittsstolzen Zeitalters des Humanismus zweifelte daran, daß man es hier, ebenso wie bei der Astrologie, mit einem echten Zweig der Wissenschaft zu tun habe", schreibt Baschwitz (1963: 13) in Beförderungsabsicht und hängt dem Trithemius gleich einen teils stockfleckigen Zaubermantel um.

Nach dem Ende des Fürstenkonvents ließ sich Trithemius in gelockerter Stimmung von Joachim dazu überreden, für ei-

Maximilian I., Kaiser, portraitiert von Albrecht Dürer

nige Monate an dessen Hof in die Mark Brandenburg zu kommen. Die stattliche Summe von fünfzig Gulden Reisegeld dürfte die Entscheidung erleichtert haben. Joachim reiste ab, und Trithemius kehrte vorübergehend nach Speyer zurück, um sich für einen langen Aufenthalt in Berlin zu rüsten. In Sachen Klosterangelegenheit erteilte er noch einige Anweisungen, ohne zu wissen, ob diese auch von seinem Stellvertreter und dessen

Mitintriganten befolgt würden, hatte er doch schon 1491 durch für ihn fatale Personalentscheidungen die Verantwortung in die falschen Hände gelegt und dadurch die Böcke zu Klostergärtnern gemacht. Ausdrücklich verbot Trithemius den Verkauf sowie die Verpachtung von Klostergut.

Nichts Böses ahnend, schrieb Trithemius am 22. August 1505 seinem für ihn zu diesem Zeitpunkt noch nicht als Gegner erkennbaren Bekannten Charles de Bouelles von Speyer aus einen freundlichen Brief. Darin lobte er dessen Gelehrsamkeit und die eigene Freude über dessen anscheinend vierzehntägigen Besuch sowie die Gespräche über Theologie und Wissenschaft. Als rechtschaffen und theologisch-dogmatisch einwandfrei lobte Trithemius Bouelles Manuskript *De intellectu*, das ihm in einer Abschrift vorgelegen haben muß.

Am 27. August machte sich Trithemius in Begleitung seines Kaplans, zweier Diener und seines Bruders Jakob von Speyer aus auf die Reise in die Mark Brandenburg. Philostratus' *Vita Apollonii Tyanei* über den berühmten gleichnamigen Wundermann der Antike hatte er als Reiselektüre im Gepäck. Via Thüringen traf die kleine Gruppe am 11. September in Berlin ein. Der zweiundzwanzigjährige Markgraf freute sich so sehr auf ein Wiedersehen, daß er sogar die gerade auf dem Lande begonnene Treibjagd aussetzte und zur persönlichen Begrüßung des Gastes an den Hof zurückkehrte.

An das Fürstenbrot und das lärmige Leben bei Hof mußte sich der Mönch erst noch gewöhnen, doch konnte Trithemius auch durchaus gesellig sein. Mit seinem gastfreundlich bemühten Gönner führte er Gespräche, auch über die Belange der natürlichen Magie, und verbesserte dessen Lateinkenntnisse. Der Abt nutzte die Gelegenheit, über Land zu reisen, und nahm die verschiedenen Stände und Bewohner der Mark in Augenschein. Er machte sich Notizen als Vorstudie zu einer geplanten kleinen Ethnographie Berlins und Brandenburgs. Diese

Aufzeichnungen flossen in seine Briefe ein, wo es beispielsweise heißt: „Das Land ist zwar gut und von großer Ausdehnung, liegt aber, da arbeitsame Bebauer fehlen, vielfach öde. Die wenigen Bauern sind faul, dem Trunk und Müßiggang mehr ergeben als der Arbeit. Man kann wohl sagen: den Markanern bringen die Feiertage und der Müßiggang Armut, das Fasten Krankheiten und das Trinken frühen Tod … Durch die vielen Heiligenfeste werden sie von der Arbeit abgehalten und sind daher von beständigem Mangel gedrückt, besonders die auf dem Lande lebenden. In Beobachtung der Fasten sind sie von allen, die wir je gesehen haben, die pünktlichsten … Im übrigen ist ihnen leben nichts anderes, als essen und trinken" (dt. zitiert nach Schneegans, 1882: 96f).

Ausdrücklich lobte Trithemius das scharfe Vorgehen des die Rechte des Adels beschneidenden Markgrafen gegen die brandenburgischen Raubritter, deren Beutehunger man gemeinhin als Landplage empfand. Feuer und Schwert seines Brotherren sollten dem oft rabiaten Vorgehen der adeligen Strauchdiebe, deren Vermögen man beschlagnahmte, vorübergehend Einhalt gebieten.

In Berlin las der Abt Werke von Proklos und Jamblichos und durchstöberte die Bibliothek des Landesherren. Er begann mit der Niederschrift zweier Traktate über Medizin, die Fragmente blieben. Für den Fürsten brachte er das Traktätchen *De laudibus sanctorum* zu Papier, das sich mit den Legenden einiger Heiliger beschäftigte, die seinen Gönner besonders interessierten.

Im November wollte Trithemius den Hof eigentlich verlassen, doch der Markgraf ließ ihn noch nicht gehen. Bis Ostern versprach Trithemius Joachim noch zu bleiben. Im Winter besuchte er das Karmeliterkloster im brandenburgischem Dahme, um dem an Geheimschriftkunde interessierten Mönch Johannes Evriponus Auszüge der nicht beendeten und durch seinen

Kaplan nach Berlin geschafften *Steganographia* zu zeigen und mit ihm zu diskutieren.

Im April des Jahres 1506 reiste Trithemius zusammen mit Joachim nach Frankfurt an der Oder und trat als Gast bei der Gründungsfeier der Universität auf, deren Buchbestände sogleich fach- und sachkundig inspiziert wurden.

Unausgegorene Gerüchte machten während Trithemius' langer Abwesenheit in Sponheim und Umgebung die Runde: War der schwarze Abt auf die schiefe Bahn geraten und ins Gefängnis geworfen worden? Oder war er gar auf Nimmerwiedersehen in Rom verschwunden? Hatte er sich vielleicht in ein Buch verwandelt und war er überhaupt noch am Leben? In der leidigen Kloster- und Abtschaftsangelegenheit hatte sich noch immer nichts bewegt.

Der gleichmäßig wiederholte Ablauf des Hoflebens und der schon damals anscheinend nicht unbeträchtliche Lärm der Stadt Berlin erleichterten Trithemius die Entscheidung, den brandenburgischen Hof am 14. Mai 1506 zu verlassen. Nur ungern ließ Joachim den unbehausten Bücherpapst gehen, trotzdem beschenkte er ihn reich. Der Hofastrologe warnte vor dem Aufbruch, da auf der Rückreise allerhand Ungemach drohe. Unterwegs begegnete Trithemius in Gotha dem Humanisten Konrad Mutian, den Trithemius als hermesgleich dreifach großen Weisen lobte und der 1513 ebenfalls ein Zeugnis für die Existenz des Faustus geben sollte. In Leipzig mußte Trithemius eine sechstägige Pause einlegen und sich wegen eines Steinleidens in ärztliche Behandlung begeben.

Auf dem Weg nach Heidelberg kam es dann in Gelnhausen zur vielleicht denkwürdigsten Nicht-Begegnung in der deutschen Literaturgeschichte. Wie sich Trithemius nämlich in dem ein Jahr später abgefaßten Brief an den Mathematiker und Astrologen Johann Virdung vom 20. August 1507 erinnerte, wäre es in einem Gasthof zu Gelnhausen fast zu einem Zu-

(Der (angeblich) historische Doctor Johann Faust

sammentreffen zwischen ihm und einem gewissen Doktor Faustus gekommen. Dieser sei ein aufgeblasener Scharlatan, habe in derselben Wirtschaft logiert und sei sofort geflüchtet, nachdem er von der Anwesenheit des Trithemius erfahren habe, des späteren Faust-Kronzeugen. Vernichtend donnerte die Kritik des Abtes auf den törichten Magiegaukler und Blender Faust nieder, denn der „ist ein Landstreicher, leerer Schwätzer und betrügerischer Strolch, würdig ausgepeitscht zu werden, damit er nicht ferner mehr öffentlich verabscheuungswürdige und der heiligen Kirche feindliche Dinge zu lehren wage. Denn was sind die Titel, welche er sich anmaßt, anders als Anzeichen des dümmsten und unsinnigsten Geistes, welcher zeigt, daß er ein Narr und kein Philosoph ist! So machte er sich folgenden ihm konvenierenden Titel zurecht: Magister Georg Sabellicus Faust der Jüngere, Quellbrunn der Nekromanten, Astrolog, Zweiter der Magier, Chiromant, Aeromant, Pyromant, Zweiter in der Hydromantie. – Siehe die törichte Verwegenheit des Menschen; welcher Wahnsinn gehört dazu, sich die Quelle der Nekromantie zu nennen" (dt. übersetzt von Mahal, 1995: 63f).

Ein Wundermann duldet nur selten einen zweiten neben sich, vor allem, wenn dieser marktschreierisch geheime Künste anpreist, popularisiert und profanisiert. Die unüberhörbare und mit einem der Selbstaufwertung dienlichen „Anspruch eines Weltweisen" (Staubach, 1988: 282) vorgebrachte Polemik gegenüber dem Wunder- und Wandermagier Faust, sofern es ihn denn überhaupt gegeben haben sollte, diente auch der eigenen Reinwaschung vom Verdacht der Zauberei. Zu diesem Zweck ließ der selbst faustische Züge tragende Januskopf Trithemius in bester Humanistenmanier eine gebundene Auswahl seiner Briefe sowie echter und fiktiver* Schreiben an den Abt zirkulieren, die schon wegen ihrer Verteidigungstendenzen für die Publikation vorgesehen, seine Rechtgläubigkeit und Linientreue unter Beweis stellen sollten.

Reden bringt Silberlinge, Schweigen ist Gold! So oder ähnlich lautete die ideale Verhaltensmaßregel für angehende Magiosophen und Hermetiker der Renaissance. Der später als Schwarzkünstler verleumdete Schüler des Trithemius, Agrippa von Nettesheim, schrieb in seinem berühmten Werk über die Ideengeschichte der Magie *De occulta philosophia* im Sinne seines 1509 in Würzburg besuchten Lehrers: „Ein Magier muß also, wenn er einen Erfolg erlangen will, verschwiegen sein, und darf weder sein Werk, noch Ort und Zeit, noch sein Verlangen oder seinen Willen jemanden wissen lassen, außer seinen Lehrer oder Gehilfen oder Gesellschafter ..." (Nettesheim, I, 1982: 355).

* Frei erfunden ist zum Beispiel auch der angeblich am 6.4.1499 aufgesetzte Brief von Trithemius' vermeintlichem Lehrer Libanius Gallus. Diese Fiktion hat Wissenschaftler über die Nichtauthentizität der imaginären Autoritätsfigur Gallus bis heute getäuscht. Hier ist vor allem ein Herr zu nennen, der ausgerechnet den Namen Secret trägt und allzu gutgläubig auf die Trickstereien des Geheimnistuers Trithemius hereingefallen ist (vgl. Secret, 1962).

Weiter unterwegs in Richtung Heidelberg wurde Trithemius in Sebach am Rhein von Knechten des Grafen von Leiningen, eines alten Feindes und Sproß eines schon zu Kreuzzugszeiten wegen ihrer Brutalität gefürchteten Raubritterfamilie, vorübergehend gefangengesetzt. Die Einschüchterungshaft währte nicht lange, da die Häscher einsehen mußten, daß der mit viel Geld reisende Abt unter dem Schutz des Königs stand. Am Abend nur eines Arresttages konnte Trithemius seine Reise fortsetzen.

Endlich gelangte Trithemius nach Speyer, wo ihm Gerüchte über den verworrenen Stand der das reiche Kloster Sponheim betreffenden Dinge zu Ohren kamen. Er schickte seinen Kaplan ins Kloster, und dieser hatte nach seiner Rückkehr nichts Gutes zu berichten, da die intrigierenden Mönche den guten Ruf des Trithemius durch Verleumdungen und Unterstellungen weiter in Mißkredit zu bringen trachteten.

In einem offenen Brief an Freunde schmähte Trithemius den verantwortungslos handelnden Prior, der später sein Nachfolger als Abt wurde, als Verräter: „O Prior, Treulosester aller Mönche, … nicht mit Unrecht dem Verräter Judas zu vergleichen, wie gottlos hast du gegen uns gehandelt, uneingedenk aller unserer Wohlthaten gegen dich. Haben wir nicht deine Eltern, als sie aus Luxemburg durch Krieg und Brand vertrieben, arm und dürftig ankamen, aus Liebe zu dir aufgenommen, sie bereits 23 Jahre hindurch vom Klostervermögen gegen den Willen vieler Brüder ernährt und ihnen eine Wohnung mit jeglicher Freiheit im Dorfe Sponheim umsonst eingeräumt? Dich selbst ließen wir zum Priester weihen, haben dich hierauf zu unserem Kaplan und Tischgenossen genommen, dann als ersten Kellermeister aufgestellt, und als wir dich nach wenigen Monaten wegen deines Leichtsinnes entfernen mußten, haben wir dich, damit man von dir keine schlechte Meinung bekäme, zum Prior gemacht gegen den Willen Vieler und dich in diesem Amte trotz alles Murrens der Brüder 14 Jahre hindurch gehalten und dich immer vertheidigt und entschuldigt. Als ein würdiger Prior hast du dich nie erwiesen; denn, während wir mit Visitationen auswärts beschäftigt waren, gingst du ohne Ursache und ohne unsern Willen zu den Nonnenklöstern St. Katharina, St. Ruppert und Ibingen, dich fleischlich zu ergötzen, liefest in den benachbarten Dörfern und Städten gegen die Ordensregel herum und hieltest durch Bitten alle ab, deine Ausschweifungen uns zu hinterbringen. Und als wir es endlich doch erfuhren, haben wir entweder geschwiegen des Friedens wegen oder dich gelinde zurecht gewiesen. Immer waren wir gegen dich auf's Gütigste, du aber hast, wie der Verräter Judas, für die Güte Böses erwiesen" (dt. zitiert nach Silbernagl; 1868: 115).

Nach seiner Rückkehr aus Berlin verbrachte Trithemius noch einmal vier Monate Wartezeit in Heidelberg, die ihm innerlich sehr zusetzte. Kränkelnd und zermürbt warf Trithemius im September das Handtuch und verzichtete nun endgültig auf die Sponheimer Abtei. Undankbaren Schafsköpfen mochte er kein Hirte sein. In einer von Mißtrauen vergifteten Atmosphäre wollte er weder leben noch arbeiten. Einige Förderer, Ordensbrüder und Freunde mahnten den Benediktiner noch zu mehr Geduld, doch der quasi Ausgesperrte war des Wartens müde geworden. „Endlich muss ich, um die volle Wahrheit zu sagen, noch hinzufügen, dass ich ein Mensch bin, der von Natur mehr für das Studium der Wissenschaften geboren ist, als für große und beständige Sorgen in weltlichen Geschäften. Ruhe suche ich mehr als fruchtlose Arbeiten. Ich will daher freiwillig verzichten" (dt. zitiert nach Schneegans, 1882: 118).

Eher würde er auf die Abtschaft als auf seine Studien verzichten, hatte Trithemius bereits schon früher erklärt. Nach einer Wandlungsphase beziehungsweise Übergangsperiode zwischen Agonie und Unrast entschied sich Trithemius zur Wiederaufnahme des studienbegünstigenden Klosterlebens an anderer Stätte.

V
Abt im Schottenkloster St. Jakob zu Würzburg

„Ich bekenne meine maßlose Liebe zum Studium und zu den Büchern, von denen ich niemals lassen oder wenigstens von einem von beiden so befriedigt werden konnte, daß ich nicht meinem Verlangen folgte und immer alles zu wissen begehrte, was in dieser Welt wißbar ist; und alle Bücher, die ich sah oder von denen ich hörte, daß sie gedruckt seien – wie kindisch oder unbrauchbar sie auch waren – zu besitzen und zu lesen war mir das höchste Vergnügen. Aber es war mir nicht möglich, meine Begierde zu stillen, wie ich es wünschte: Denn das Leben ist kurz und der Geist schwach; er kann in keinem Falle so viele, verschiedene und so tiefe Geheimnisse aus den verschiedenen Wissenschaften begreifen. Und immer fehlte das Geld für das Nötigste und mehr noch, um die Bücherleidenschaft zu befriedigen; dennoch habe ich immer in beiden Bereichen getan, was ich vermochte" (NEPIACHUS, 1723: 1829, dt. zitiert nach Arnold, 1991: 62), lautete das in seinem Zwang zum Lernen und Wissenwollen um jeden Preis geradezu faustisch anmutende Bekenntnis des Bibliomanen Trithemius.

Schweren Herzens zog der Benediktiner am 3. Oktober 1506 nach Würzburg, um dem heruntergewirtschafteten kleinen Schottenkloster St. Jakob und seinem zu diesem Zeitpunkt nur noch aus drei Mönchen bestehendem Konvent als Abt vorzustehen. Weltliche Angebote zum Hofdienst hatte Trithemius ausgeschlagen, da er die Ruhe des Klosterlebens nicht missen wollte. Die Gebäude von St. Jakob standen teilweise leer oder waren schon verfallen, so daß sie für den Neuankömmling den Anblick eines verwunschenen Ortes oder Überbleibsels aus längst vergangener Zeit geboten haben müssen. Am 12. Oktober wurde der vierundvierzigjährige Geistliche gewählt und am 15. Oktober feierlich durch den Würzburger Bischof Lorenz von Bibra in sein Amt eingeführt.

„Ich verzichte daher wegen eurer unverbesserlichen Willkür und der vielfachen Beleidigungen, welche mir von euch widerfahren sind, heute freiwillig im Namen Gottes auf die Sponheimer Abtei des hl. Martinus und übergebe dieselbe eurem Belieben, meinerseits zufrieden mit derjenigen des hl. Apostels Jakobus des älteren in der Vorstadt von Würzburg" (dt. zitiert nach Schneegans, 1882: 120), schrieb Trithemius Ende Oktober 1506 in seinem offiziellen Absagebrief gegenüber dem „Melantius" („Der Schwarze") beschimpften Prior und dem Konvent in Sponheim.

Mit Groll, gekränkt und nach wie vor bitter enttäuscht gedachte Trithemius der Sponheimer Mönche, ihres Verführers zum Ungehorsam und der offenen Rebellion. Auf schmerzliche Weise fühlte er sich persönlich hintergangen und in seinem Bemühen um eine Verbesserung der Geistlichenbildung verkannt. Hatten nicht vielleicht sogar die Dämonen der Mißgunst die Klauen im Spiel gehabt? Trithemius beschloß darüber nachzudenken und begann in Stunden geistig-mentaler Verfinsterung, mit denen er seit dem Bruch zu kämpfen hatte, ein breit angelegtes Werk über die Dämonen, das in der Tradition mittelalterlicher Dämonologie stand und nie beendet wurde.

Mochte er zu Anfang den neuen Aufenthaltsort noch als Exil empfunden haben, so lobte der rückzugsbedürftige Mann schon bald dessen beschauliche Ruhe, günstig für Studien, Meditationen und Schreibvorhaben. Der angenehme Ort förderte die Selbstberuhigung des Trithemius und kam seinem harmoniebestrebten Naturell entgegen, denn, so lautet sein Selbstzeugnis aus dieser Zeit, „in der Tat, er war ein sanfter und äußerst friedliebender Mensch …" (CHRONIKON SPANHEIMENSE, 1969).

Der Schock über den Verlust der mühsam und eigenhändig zusammengetragenen Bibliothek, ein echter Alptraum für jeden Gelehrten oder Büchersammler, saß noch sehr tief. Die stattliche Sponheimer Büchersammlung, die traurigerweise später durch lieblose Verschleuderung größtenteils verlorenging, wurde von ihrem findigen Gründer unsäglich vermißt. Mit wenig Erfolg bemühte er sich darum, die eine oder andere bibliophile Kostbarkeit in seine Hände gespielt zu bekommen. Nur ein paar Bücher gelangten nach Würzburg, vorwiegend naturphilosophische und historische Schriften sowie Texte zu den Geheimwissenschaften. Nach Bereitstellung finanzieller Mittel durch den Würzburger Bischof Lorenz von Bibra war Trithemius bestrebt, auch an seiner neuen Wirkungsstätte unter Verwendung der Geldgeschenke Joachim von Brandenburgs ein neues Bücherparadies anzulegen, das allerdings den Ruhm der Sponheimer Bibliothek nie erreichen konnte. „Denn Bücher sind es, die in uns das Verlangen nach zukünftiger Glückseligkeit nähren, das Elend unseres gegenwärtigen Exils mindern, die Laster vertreiben, die Tugenden einpflanzen, Festigkeit in der Anfechtung gewähren und die Frucht der für sie aufgewendeten Zeit sichtbar werden lassen. Denn was wüßten wir außer den Dingen dieser Welt, fänden wir nicht Trost in den Schriften?" (DE LAUDE SCRIPTORUM, 1973: 47), hatte Trithemius bereits im *Lob der Schreiber* wie zur Stärkung der Selbstmotivation geschrieben. Honorare, Lobesgaben und reichlich fließender Ehrensold für seine schriftstellerischen Arbeiten wollte er gleichfalls zur Aufstockung des Buchbestandes in der Klosterbibliothek verwenden.

In dem Bewußtsein, nicht der erste oder letzte Mönch zu sein, dessen Bücherliebe auf Neid, Mißgunst und Unverständnis gestoßen war, faßte Trithemius wie der einem ähnlichen Schicksal unterlegene Autor des *Philobiblon* wieder Mut. „Denn obwohl der Liebe eines Klerikers zu den Büchern die Ehrbarkeit entsprechend der Natur ihres Gegenstandes auf der Stirn geschrieben steht, hat sie merkwürdigerweise vielfache Kritik gerufen. Man verstand uns nicht, sah uns schief an und bezichtigte uns bald übertriebener Wissbegierde, bald der Habsucht zum mindesten auf diesem Gebiete, bald ungezügelter Masslosigkeit. Doch diese tadelnden Bemerkungen machten uns wirklich nicht mehr Eindruck als das Kläffen der Hündlein; wir begnügten uns mit dem Zeugnis dessen, der Herzen und Nieren prüft. Denn da die Endabsicht unseres geheimen Willens den Menschen verborgen und allein Gott sichtbar ist, der in die Herzen sieht, fällt mit Recht der Vorwurf unheilvoller Voreiligkeit auf die Leute, welche so rasch dabei sind, eine Handlung, deren Beweggründe sie gar nicht kennen, mit einer unfreundlichen Aufschrift zu versehen" (Philobiblon, 1989: 216f).

Einen weiteren Versuch, den Schlußstrich unter die Trennung von der eigenen Vergangenheit in Sponheim zu ziehen, kann man in der am 31. Oktober 1506, dem Tag der Versendung der offiziellen Abdankung, geschafften Teilvollendung der Sponheimer Klosterchronik bis zum Ende seiner eigenen Abtschaft sehen. Die 1492 in Annalenform begonnene, 1509 mit Zusätzen versehene und 1601 zu Frankfurt gedruckte Schrift *Chronikon Spanheimense* stellt eine beachtliche Arbeit des Trithemius dar. Sie berichtet von der Gründung des Klosters im Jahr 1040 und seiner annähernd fünfhundertjährigen Geschichte. Aus fast vermoderten Briefen, Berichten und Dokumenten rekonstruierte Trithemius Charaktere und Wirken seiner vierundzwanzig Vorgänger. Das einzelne Lebensbild hatte Trithemius dabei oft wenig schmeichelhaft für die portraitierten Kleriker ausfallen lassen. Wahrscheinlich geschah dies, um das eigene Wirken autobiographisch zu erhöhen und die eigene Bedeutung des stets um Selbstaufwertung bemühten Abtes Trithemius für den Aufstieg seines Klosters augenfälliger hervorzuheben. Die mit autobiographischen Bemerkungen versehene Chronik enthält neben politisch bedeutsamen Ereignissen in Deutschland vor allem mittelalterliche Wundergeschichten, Beschreibungen von Naturereignissen, gottgefällige Fabeln, Mysteriöses sowie erbauliche und seltsame Begebenheiten mit stark moralisierender Tendenz. Auffällig ist eine anhaltende Parallelisierung der Lebensläufe des Trithemius und Kaiser Maximilians, die sozusagen aufeinander zu bewegt werden.

Der stets an Wundermännern und den phantastischen Aspekten des Mittelalters interessierte *vir phantasticus* Trithemius kolportierte als erzählender Geschichtenschreiber in der Chronik auch allerhand faustisch klingende Zaubersagen wie zum Beispiel die folgende Begebenheit aus dem Jahr 1262: „Als Johannes * im 10. Jahr Abt war, kam ein Mensch aus den Niederlanden, der sich Magister Theodo nannte, sich als Magier und Zauberkünstler bezeichnete und viele erstaunliche und unglaubliche Taten verrichtete. Denn in der Stadt Kreuznach hat er auf dem Markt vor allem Volk seinem Diener den Kopf abgeschnitten, den er nach Ablauf einer halben Stunde dem Körper des dort Liegenden wieder zurückgab. Mit Hunden schien er in der Luft als wie auf der Jagd zu gehen, hinauf und hinunter steigend und aus größten Höhen wie aus großer Ferne zu rufen. Daß er einen bewaffneten Mann aufgefressen habe, wurde auch geglaubt. Auch einen Heuwagen samt den Pferden – meinten unwissende Leute – habe er verschlungen. Er hat noch andere erstaunliche Dinge vollbracht, die hier aufzuschreiben ich für überflüssig halte“ (CHRONIKON SPANHEIMENSE, 1969: 57).

Im Würzburger Schottenkloster bemühte sich der neue Abt im Winter 1507 um eine Neuordnung des klösterlichen Archives und ließ wie schon in Sponheim Rechnungsbücher, Orts-

* Gemeint ist einer von Trithemius' zahlreichen Vorgängern.

und Zinsregister anlegen, um den Besitzstand zu fixieren. Da er aber nur relativ wenig Eigentum vorfand, brauchte Trithemius in den kommenden Jahren auch nicht so viel Zeit für die Abwicklung weltlicher Geschäfte aufwenden, was ihm sehr lieb gewesen sein muß. Bauliche Instandsetzungsmaßnahmen am Dachstuhl der Kirche, an Türmen und Gebäudeteilen waren dringend notwendig, wurden auch von Trithemius eingeleitet und in ihrem durch Geldmangel bedingten sehr langsamen Fortgang überwacht.

Unter dem Eindruck der noch immer anhaltenden Krise, die einen Wendepunkt seiner Existenz markierte und ihn um sein Lebenswerk zu bringen drohte, verfaßte Trithemius 1507 die autobiographische Schrift *Nepiachus*. In diesem Rechenschaftsbericht gab er nach einer Phase der Selbstbesinnung einen knapp gehaltenen Überblick hinsichtlich seiner geistigen Entwicklung und seines persönlichen Werdeganges. Neben dem (Eigen-)Lob der Gelehrsamkeit, Bildung und der Sponheimer Bibliothek findet sich hier eine Zurückweisung des Verdachtes, der Abt würde sich mit den geheimen Künsten der Magie und verbotenen Teufeleien beschäftigen. Die Bekanntschaft mit dem mysteriösen Libanius Gallus* habe den Abt in Kontakt mit der von ihm sowie den Autoritäten Albertus Magnus und Pico für erlaubt gehaltenen *magia naturalis* gebracht. Trithemius gab vor, den erst 1723 zum Druck gelangten *Nepiachus* als Wegbeschreibung spiritueller Pilgerschaft und Orientierungshilfe wider die Gerüchtekocherei für die Nachwelt geschrieben zu haben. Das im Druck nur wenige Seiten umfassende Werk blieb unabgeschlossen, weil sein Verfasser es möglicher-

* Bei dem außer in fingierten Briefen des Trithemius und einigen spuriosen Schriften im Rahmen der Geschichte der Magie nicht weiter nachweisbaren Libanius Gallus scheint es sich um eine Erfindung des Abtes, Marke imaginäre Autorität, um einen fiktiven Bewohner seiner Phantasie oder eine Figur gewordene Abspaltung seiner Persönlichkeit zu handeln.

weise nur als Vorstudie für eine umfangreichere Schrift ähnlichen Tenors ansah. *Nepiachus* enthält auch ein Verzeichnis der eigenen, bis zum Zeitpunkt der Niederschrift verfaßten Werke.

Zur Fastenzeit 1507 erhielt Abt Trithemius vom Kurfürsten Joachim eine Tonne mit eingepökelten Heringen für sein Kloster geschickt, begleitet von der schriftlichen Aufforderung, Berlin und seinem nach wie vor neugierigen Fürsten wieder einen Besuch abzustatten. Artig verschickte Trithemius einen Dankesbrief und räumte die Möglichkeit eines Wiedersehens im nächsten Jahr ein.

In peinlicher Not befand sich der Bücherfreund Trithemius 1507, weil er eine vor Jahren von dem berühmten Nürnberger Gelehrten Hartmann Schedel entliehene Handschrift über die Geschichte Thüringens nicht zurückgeben konnte. 1502 hatte er den bekannten Verfasser der *Weltchronik (Liber cronicarum: Opus de temporibus mundi)* um die Verlängerung der Leihfrist gebeten, ihm dann zur Beschwichtigung eigene Bücher geschickt und schließlich erneut um Aufschub ersucht. Mehrmals verlangte der inzwischen zu Recht ungeduldig gewordene Schedel seine sehr seltene Thüringische Chronik zurück, doch Trithemius konnte sie dem Polyhistor nicht wiedergeben, da er sie leichtsinnigerweise an den Pfalzgrafen Philipp weiterverliehen hatte. Das Buch blieb verschwunden und der Bücherpapst hatte einen Teil seines hohen symbolischen Kapitals der Ehre verspielt, was in Humanistenkreisen negativ herumgetragen wurde.

Im Sommer machte der Mathematiker Monapius brieflich darauf aufmerksam, daß bei einem Händler in Worms eine schöne Weltkarte* für vierzig Gulden angeboten werde. Trithemius freute sich über den Hinweis, mußte die Offerte je-

* Dabei dürfte es sich um eine 1507 gedruckte Weltkarte von Martin Waldseemüller gehandelt haben.

doch wegen Geldknappheit ausschlagen. Dem Mathematiker schrieb er in einem Antwortbrief vom kürzlichen Erwerb eines anderen Globus, auf dem die neu entdeckten Inseln des Amerigo Vespucci bereits verzeichnet seien.

a	b	c	d	e	f	g	h	i	k	l	m	n	o	p	q	r	s	t	u	x	y	z	w
b	c	d	e	f	g	h	i	k	l	m	n	o	p	q	r	s	t	u	x	y	z	w	a
c	d	e	f	g	h	i	k	l	m	n	o	p	q	r	s	t	u	x	y	z	w	a	b
d	e	f	g	h	i	k	l	m	n	o	p	q	r	s	t	u	x	y	z	w	a	b	c
e	f	g	h	i	k	l	m	n	o	p	q	r	s	t	u	x	y	z	w	a	b	c	d
f	g	h	i	k	l	m	n	o	p	q	r	s	t	u	x	y	z	w	a	b	c	d	e
g	h	i	k	l	m	n	o	p	q	r	s	t	u	x	y	z	w	a	b	c	d	e	f
h	i	k	l	m	n	o	p	q	r	s	t	u	x	y	z	w	a	b	c	d	e	f	g
i	k	l	m	n	o	p	q	r	s	t	u	x	y	z	w	a	b	c	d	e	f	g	h
k	l	m	n	o	p	q	r	s	t	u	x	y	z	w	a	b	c	d	e	f	g	h	i
l	m	n	o	p	q	r	s	t	u	x	y	z	w	a	b	c	d	e	f	g	h	i	k
m	n	o	p	q	r	s	t	u	x	y	z	w	a	b	c	d	e	f	g	h	i	k	l
n	o	p	q	r	s	t	u	x	y	z	w	a	b	c	d	e	f	g	h	i	k	l	m
o	p	q	r	s	t	u	x	y	z	w	a	b	c	d	e	f	g	h	i	k	l	m	n
p	q	r	s	t	u	x	y	z	w	a	b	c	d	e	f	g	h	i	k	l	m	n	o
q	r	s	t	u	x	y	z	w	a	b	c	d	e	f	g	h	i	k	l	m	n	o	p
r	s	t	u	x	y	z	w	a	b	c	d	e	f	g	h	i	k	l	m	n	o	p	q
s	t	u	x	y	z	w	a	b	c	d	e	f	g	h	i	k	l	m	n	o	p	q	r
t	u	x	y	z	w	a	b	c	d	e	f	g	h	i	k	l	m	n	o	p	q	r	s
u	x	y	z	w	a	b	c	d	e	f	g	h	i	k	l	m	n	o	p	q	r	s	t
x	y	z	w	a	b	c	d	e	f	g	h	i	k	l	m	n	o	p	q	r	s	t	u
y	z	w	a	b	c	d	e	f	g	h	i	k	l	m	n	o	p	q	r	s	t	u	x
z	w	a	b	c	d	e	f	g	h	i	k	l	m	n	o	p	q	r	s	t	u	x	y
w	a	b	c	d	e	f	g	h	i	k	l	m	n	o	p	q	r	s	t	u	x	y	z

In hac tabula literarũ canonica siue recta tot ex uno & usuali nostre latinarum literarum ipsarum per mutationem seu transpositionẽ habe: alphabeta, quot in ea per totum sunt monogrammata, uidelicet quate & uigesies quatuor & uiginti, quæ faciunt in numero D.lxxvi. ac per to tidẽ multiplicata, paulo efficiunt minus q̃ quatuordecẽ milia.

o ij

„Tabula recta" des Trithemius.
Aus der „Polygraphiae von 1508, 5. Buch
Staatsbibliothek München

Im Juli war Trithemius guten Mutes und steckte voller Pläne, gespeist von wiedererwachtem Arbeitseifer. Seinem Freund Celtis schrieb der Abt von Würzburg aus ein Lob des kontemplativen Lebens: „Fort nun mit den Schleichern und Neidern, denen unsere Studien nicht gefielen. Wir wollen mit den Psalmisten (Ps. 124) fröhlich singen: 'Der Strick nutzloser Mühen ist zerrissen und wir sind frei!'" (dt. zitiert bei Schneegans, 1882: 265f).

Im Frühjahr 1508 litt Trithemius nach eigener, in der Klosterchronik festgehaltener Auskunft „an rheumatischem Fluß und es zeigte sich in der Gurgel ein gefährliches Geschwür, das ihm schlucken und essen unmöglich machte. An menschlicher Hilfe verzweifelnd wandte er sich ganz an Gott. Auch machte er das Versprechen, nach Dittelbach zur Muttergotteskapelle zu wallfahren, und noch in derselben Stunde wurde der Durchgang durch die Kehle offen, so daß er wieder ohne Schmerzen essen und trinken konnte. Gelobt sei Gott, der wegen der Verdienste seiner heiligen Mutter an uns Sündern so wunderbare Wohlthaten vollbringt" (CHRONIKON SPANHEIMENSE, 1969: 239f).

Am 22. April 1508 berief der inzwischen Kaiser gewordene Maximilian, der gerade seinen Bankier Jakob Fugger in den Adelsstand erhoben hatte, den Trithemius erneut zu sich. Dank der spendierten vierzig Dukaten Reisegeld machte sich Trithemius unverzüglich auf den Weg nach Köln, wo sich der kaiserliche Hofstaat gerade aufhielt. Anfang Juni wurde er vom Kaiser empfangen und zur mehrwöchigen Reisebegleitung befohlen. Von Köln ging es über Regensburg und Koblenz nach Boppard. Im Schloß Linz überreichte Trithemius dem Kaiser sein Werk zur Geheimschriftkunde *Polygraphia* und erörterte mit ihm religiöse Fragen, die es auch noch in schriftlicher Ausarbeitung zu behandeln galt. Trithemius begleitete Maximilian noch einige Wochen und durfte als geschätzter Gesprächspartner hin und wieder in der kaiserlichen Kutsche mitreisen. Unterwegs beendete Trithemius die ihm abverlangte kleine Gelegenheitsschrift am 10. Juli 1508. Die Hast in der Behandlung der acht Fragen des Kaisers Maximilian ist dem 1515 zu Oppenheim gedruckten Werk anzumerken. *Liber octo quaestionum* ist eine Art theologisches Gutachten zur Ausarbeitung einer juristischen Handhabe. Es dreht sich um Glauben und Unglauben, die Heilige Schrift, die Rolle des Bösen sowie die Vorsehung und Allwissenheit Gottes. Dieses finstere Traktat des sonst eher hellsichtigen, aber in diesem Fall blinden Verfassers behandelt auch das vermeintlich wundertätige Wirken von Hexen, Dämonen und Zauberern in kirchentreuer Weise. Erörtert wird auch das von der Anlage her unterschiedliche Erkenntnisvermögen von Mensch und Engel aus theologisch-dogmatischer Sicht. Dem Kaiser konnte Trithemius die kaum Neues bietende Expertise wegen der Kriegszüge in Italien nicht sofort überreichen, da der Fürst nicht wie vorgesehen nach Speyer kam, sondern nach Brabant reiste. Wahrscheinlich hielt Maximilian die Schrift erst im Winter 1512 bei einem Besuch in Würzburg in Händen.

Nach fast drei Monaten Abwesenheit wieder in sein stilles Kloster eingekehrt, schrieb Trithemius gleich noch ein kleines Werk nieder. Es trägt den Titel *Antipalus maleficiorum* und entstand im Herbst 1508 nach Aufforderung des Fürsten Joachim von Brandenburg. Dieses düstere Machwerk gibt einige Anschauungen und Lehrmeinungen des gefürchteten, 1487 erschienenen *Hexenhammers* kritiklos wieder. Gedruckt erschien *Gegner der Zaubereien* erst 1555 in Ingolstadt und hat deshalb als Handschrift nur relativ wenig Unheil angerichtet. Dem guten Ruf des Trithemius hat der *Antipalus* nachhaltig geschadet. Im zweiten Teil der von mittelalterlicher Dämonologie geprägten, unrühmlichen Schrift gibt der Autor kirchliche Mittel an, um sich vor übelwollenden Einflüssen zu schützen.

Seltsamerweise hat der Magieexperte Trithemius unterschiedslos verschiedene hermetisch-magische Traditionen in einen zum Auskochen bestimmten Topf geworfen, was man einem Kenner und Feinschmecker des elitären Schrifttums der antiken und mittelalterlichen Gelehrtenmagie nicht unbedingt zutrauen würde. In der trüben Suppe des Zaubereintopfes schwimmen brockenweise Ptolemäus, Geber, Hermes, Claviculae Salomonis neben dem schillernden Arnold de Villanova und Peter von Abano, den der janusköpfige schwarze Abt selbst in seinem Traktat über die sieben Ursachen *Chronologia mystica* gerade erst noch lobend erwähnt hatte. Viele magische Bücher seien fälschlicherweise dem von Trithemius sehr geschätzten Albertus Magnus zugeschrieben worden, der allerdings auf der Suche nach umfassenden Wissen auch ein Kenner dieser Materie hatte werden müssen. Wie Albertus ist auch der sich immer wieder auf echte und fiktive Autoritäten berufende Trithemius der Meinung, daß man gefährliche magische Bücher nicht verbrennen, sondern in Klöstern (!) oder Kathedralen unter Verschluß aufbewahren solle. Nicht um der Nachahmung willen müsse man sie lesen, aber um in ihnen enthaltenen Aberglauben angreifen und gegebenenfalls Irrlehren entkräften zu können. So lauten wohlmeinende Versicherungen des gegen die Verwässerung und für die reine Belebung der christlichen Lehre arbeitenden Abtes, in denen seine Gegner nur Schutzbehauptungen für verbotene Spiele mit der Neugier sehen konnten. „Sowohl das Bedürfnis nach wissenschaftlicher Selbsteinschätzung wie auch der Druck einer von gelehrten Widersachern ausgelösten Welle öffentlicher Kritik haben Trithemius immer wieder dazu veranlaßt, sich um eine Scheidung jener zahlreichen prophetischen und pseudoprophetischen Geister zu bemühen, die durch ihr Wirken in Vergangenheit oder Gegenwart Aufsehen erregt hatten, und insbesondere seinen eigenen Weg auf dem noch weithin unmarkierten Grenzgebiet zwischen Wissenschaft und Magie zu bestimmen und zu rechtfertigen" (Staubach, 1988: 284).

Im produktiven Jahr 1508 brachte Trithemius auf Anregung des Kaisers auch die Maximilian gewidmete kleine Abhandlung *Chronologia mystica/De septem secundeis* zu Papier. Hier stellte der in der Kunst der Mystifikation wohlbewanderte Abt eine imaginäre Entwicklungsgeschichte der Zivilisation in Zyklen von jeweils dreihundertvierundfünfzig Jahren und vier Monaten vor. Dieser Beitrag zur Geisterkunde verknüpft mystische Theologie mit Geschichte und astrologischer Periodisierung. Dem im 13. Jahrhundert verfaßten Hauptwerk *Conciliator* und dem spuriosen Denker Menastor ist Trithemius in diesem Werk gedanklich stark verpflichtet, wobei er erstaunlicherweise mit der mystischen Geschichtstheologie des Schwärmers Joachim di Fiore wenig anzufangen wußte.

Nach der Schöpfung soll der Schöpfergott die Herrschaft über die Welt sieben untergeordneten Geistern anvertraut haben. „Die sieben zweiten Ursachen sind die sieben höchsten Engel, die Trithemius mit den sieben Planeten in Beziehung setzt. Gott ist die erste Ursache. Die zweiten Ursachen sind seine Diener, die die Welt lenken. Der Geist oder Engel des Saturn ist Orifiel, der unmittelbar nach der Schöpfung über das Universum gebot. Seine Herrschaft fing am 15. März im ersten Jahre der Welt an, und er regierte 345 Jahre und vier Monate. Unter seiner Regierung waren die Menschen roh und wild wie Tiere, wie die Genesis berichtet. Nach Orifiel kam Anael, der Geist der Venus, der von 345 bis 705 regierte. Trithemius stellt die dynastischen Daten der himmlischen Geister bis zum Jahre 1879 auf, mit dem die Herrschaft Gabriels zu Ende geht. Die sieben Engel regieren der Reihe nach, und aus dem Ablauf der Vergangenheit kann man den der Zukunft voraussagen, weil himmlische Gesetze unveränderlich sind. Nach der Meinung moderner Okkultisten enthalten diese scheinba-

Kirche als verkehrte Welt: Bauern am Altar und Mönche am Pflug, unbekannter Meister, Nürnberg 1508

ren Hirngespinste viel magische Weisheit, die allerdings verschlüsselt ausgedrückt sei, so daß jedem Wort doppelte Bedeutung zukomme; Trithemius aber habe diesen Schlüssel zu seinem mystischen Werk mit ins Grab genommen. Wenn die Worte nach bestimmten Kombinationen gelesen werden müssen, so verliert das Buch natürlich jeglichen Sinn, wenn es aus dem lateinischen Original in eine andere Sprache übersetzt wird" (Seligmann, 1958: 239f).

Die dargelegten Anschauungen stellte der spekulationsfreudige Trithemius nicht als seine eigene persönliche Überzeugung sondern als kabbalistisch-mystische Überlieferung dar. Für den Wahrheitsgehalt des Behandelten und Behaupteten im Rahmen dieser Auftragsarbeit aus dem Reich spätmittelalterlicher Phantastik mochte er nicht einstehen müssen. Trotzdem prognostizierte Trithemius eine Zerstörung der alten Religion bis zum Jahr 1525. Angesichts der massiven Zerfallserscheinungen in der römisch-katholischen Kirche und der täglich wachsenden Gefahr religiös motivierter Unruhen und Bilderstürmereien bedurfte es jedoch für diese Prognostik keiner hellseherischen Fähigkeiten, wohl aber eines gewissen Unbehagens vor der Zukunft.

Im Druck wurde das Werk 1522 zu Nürnberg in verdeutschter Fassung unter dem Kurztitel *Von den siben Geysten oder Engeln* … erstveröffentlicht. Eine 1529 zu Speyer bei Jakob Schmidt herausgegebene Ausgabe trug den marktschreierisch klingenden Titel: *Das Wunder Büchlein. Wie die Weldt von Anfang geregiert vnd erhalten ist/auch wie vnd zu welcher zeyt alle Ding auff Erdtreich erfunden vnd auffkommen sindt/mit vil wundlichen Geschichtten etc. Durch den hochgelährten Jihan von Trittenheim beschrieben, welchs hie auffs kürzt angezeygt etc.* …

Mit der Präsentation seines Handbuches zur Geheimschriftkunde *Polygraphia* sorgte der Abt für eine neue Überraschung und erneut für eine originelle Erweiterung der Grenzen menschlicher Kommunikation. Zwischen Mitte Februar und Ende März 1508 beendete Trithemius im Abstand von jeweils vierzehn Tagen die ursprünglich Joachim von Brandenburg zugedachten, dann aber umgewidmeten sechs Bücher seiner *Polygraphia*. In einer Zeit sich verstärkt konstituierender Geheimdienste war dieses Grundlagenmaterial für diverse Verschlüsselungsarten dem

Die „Polygraphiae" des Johannes Trithemius

mächtigsten Mann Europas gewidmet. Trithemius stellte eigens für den Kaiser Maximilian noch ein mystisch ausgerichtetes Inhaltsverzeichnis namens „Pinax" voran und fügte noch einen „Clavis" betitelten Schlüssel zum Verständnis des unter anderem aus mehreren hundert Alphabetreihen bestehenden Textes bei.

In der auf den 7. April datierten Vorrede wetterte Trithemius heftig gegen die Verleumdungen des rindsköpfigen Bovillus*, der von der hohen Kunst der durch Buchstabenverschiebung bewirkten Geheimschriftkunde gänzlich unbeleckt sei. Hier sprach der schwarze Abt Klartext und bezichtigte seinen Widersacher unverhohlen der Dummheit. Ausdrücklich verwahrte er sich noch einmal gegen die aus der Luft gegriffenen Vorwürfe, er betreibe verbotene Künste.

Das erste gedruckte Werk über Kryptographie, Chiffrier- und Kombinationskunst erschien inhaltlich vom *Polygraphia*-Original abweichend 1518, erlebte rasch einige Neuauflagen und wurde 1561 sogar in die französische Sprache übersetzt. Es war geheimnisumwittert, kam aber im Gegensatz zur *Steganographia* ganz ohne magische Einkleidung aus. Auf dem schönen Titelholzschnitt der Erstausgabe ist der Moment der Übergabe im Schloß Linz am Rhein festgehalten.

Eine kurze Geschichte des Schottenklosters verfaßte Trithemius 1509 unter dem Titel *Compendium breve fundationis et reformationis monasterii sancti Jacobi OSB in suburbio Herbipolensi*. Leider war er darin sehr sparsam mit Informationen über die Jahre seiner eigenen Zeit und Arbeit als Abt.

* Spöttisches Wortspiel mit dem latinisierten Namen des Gegners de Bouelles: „Bovillus" = „Ochse".

Wütend erneuerte Charles de Bouelles alias Bovillus 1509 per offenem Brief seine Attacken gegen den zauberkundigen Abt, was diesen zu einer Erwiderung trieb, die nicht publiziert wurde und auch nicht erhalten blieb.

Zwischenzeitlich fanden sich immer wieder Besucher und Ratsuchende im Schottenkloster ein, die mit dem regen Vielwisser zu disputieren begehrten. Nicht alle wurden vorgelassen, wie zu Zeiten der großen Buchpilgerschaften nach Sponheim, doch der Neugier eines Einfallsreichen läßt sich selten Grenzen setzen. Besonders hartnäckig klopfte 1509 ein wißbegieriger junger Mann an die Klosterpforte von St. Jakob, und schließlich wurde ihm aufgetan. Der Arbeitsbesuch des gelehrten Agrippa von Nettesheim beim Schottenabt dauerte mehrere Tage, in denen der Gesprächsstoff nicht ausging. Zu den vielen Gemeinsamkeiten zwischen Trithemius und Nettesheim muß man die früh erwachte Liebe zum Buch und den faustisch anmutenden Drang zum Wissenwollen zählen. Beide besaßen einen gut entwickelten Sinn für schwarzen Humor und wache Intelligenz. Sie interessierten sich für die Spielarten der *magia naturalis* und die hermetischen Künste. Trithemius darf sogar als Anreger * für Agrippas 1509/1510 verfaßtes Werk über die Magie *De occulta philosophia* gelten, das dem Abt gewidmet war. Aus dem Widmungsschreiben an den Anreger des Werkes geht hervor, wie unzufrieden Nettesheim mit den Systematisierungsversuchen seiner Vordenker war. So kam er „auf den Gedanken, daß es wohl kein unlöbliches Unternehmen wäre, wenn ich die wahre Magie, jene uralte Wissenschaft aller Wei-

* Auch Paracelsus hat Trithemius' fruchtbringenden Einfluß auf seine geistige Entwicklung in der 1536 verfassten *Großen Wundarzney* wahrscheinlich im Hinblick auf dessen Werke und nicht wegen persönlicher Bekanntschaft erwähnt. Für die vielfach kolportierte Hypothese, wonach Paracelsus nach seinem Studium in Basel auch ein Schüler des viel älteren Trithemius in Würzburg geworden sein soll, gibt es allerdings keinen ernstzunehmenden Beweis. Wohl kann man von einer Reihe gleichgearteter geistiger Interessen der beiden vielseitig gebildeten, lese- und schreibfreudigen Männer ausgehen. Als Kenner der *magia naturalis* suchten sie die Offenbarungen Gottes in der Natur und in der pansophischen Ideengeschichte des geschriebenen und gedruckten Wortes.

HENRICI
CORNELII AGRIP-
PAE AB NETTESHEYM A CONSILIIS
& Archiuis Inditiarii sacræ CAE-
SAREAE Maiestatis: De
OCCVLTA PHI-
LOSOPHIA
Libri Tres.

HENRICVS CORNELIVS AGRIPPA.

Nihil est opertum quod non reueletur,
& occultum quod non sciatur.
Matthæi X.

Cum gratia & priuilegio Cæsareæ Maiestatis ad triennium.

Heinrich Cornelius Agrippa von Nettesheim
„De Occulta Philosophia" („Über okkulte Philosophie"),
Erstausgabe von 1533

sen, nach vorheriger Reinigung von gewissenlosen Verfälschungen und unter sorgfältiger Entwicklung ihrer Prinzipien, wiederherstellen und gegen ihre Verleumder in Schutz nehmen würde. Obwohl ich mich schon lange mit diesem Gedanken trug, so wagte ich doch bis jetzt nie zur Ausführung zu schreiten. Seit unserer über derartige Gegenstände zu Würzburg stattgefundenen Unterhaltung jedoch hat Eure ausgezeichnete Erfahrung und Gelehrsamkeit, sowie Eure eifrige Ermahnung mir neuen Mut gemacht" (Nettesheim, 1982, I: 6f).

Auch in der Ablehnung astrologischer Determiniertheitsvorstellungen und der Befürwortung des Glaubens an die unbefleckte Empfängnis Mariens stimmten sie überein. Nach Aussage Agrippas interessierten sie sich ebenfalls für Hypnose und Telepathie in Form von Gedankenübertragung durch die Luft: „Auf ganz natürliche Art, ohne allen Aberglauben und ohne die Vermittlung irgend eines Geistes ist es möglich, daß ein Mensch dem anderen auf jede noch so weite, ja sogar unbekannte Entfernung in der kürzesten Zeit seine Gedanken mitteilen kann.

Wenn auch die Zeit, innerhalb welcher dieses geschieht, sich nicht genau abmessen läßt, so braucht man doch dazu in keinem Falle über vierundzwanzig Stunden.

Ich verstehe dieses Kunststück und habe es öfters probiert; auch der Abt Tritheim versteht dasselbe und hat es einst ausgeübt" (Nettesheim/Schrödter, 1967: 20).

Trithemius lobte Agrippas Fleiß und Wissen sowie die hohe Qualität des Werkes über die natürliche Magie. In einem Brief aus dem Jahr 1510, abgedruckt in der Ausgabe von 1533, wies er auf Gefahren für den Fall einer Drucklegung hin und mahnte zur Vorsicht vor möglichen Repressalien: „Nur den einen Rat möchte ich Euch noch geben, daß Ihr das Gemeine den Gemeinen, das Höhere aber und die Geheimnisse bloß hervorragenden Männern und vertrauten Freunden mitteilet. 'Gib dem Ochsen* Heu und nur dem Papagei Zucker!' Prüfet die Geister, damit ihr nicht, wie es so vielen geht, den Ochsen unter die Füße geratet. Lebet glücklich, Freund..." (Nettesheim, 1982, I: 8).

In geheimer Mission reiste Nettesheim 1510 im Auftrag Kaiser Maximilians nach England, wo Heinrich VIII. kurz zuvor

* Bovillus läßt grüßen!

die Macht übernommen hatte und Parteigängern wie Wolsey Posten verschaffte. In Agrippas Gepäck dürfte sich eine Abschrift der *Steganographia* befunden haben, die Trithemius seinem Dialogpartner Nettesheim zur persönlichen Verfügung überlassen hatte.

Erst im Jahr 1510 kam der inzwischen sehr beleibte und nicht mehr reisefreudige Trithemius seinem Gelübde nach und begab sich auf die Wallfahrt zum Marienheiligtum nach Dettelbach am Main. Vor Ort sammelte er Berichte über Wunderheilungen, die er zur Erbauung der Nachwelt in bearbeiteter Form herausgeben wollte. Der Magistrat des Wallfahrtsortes begrüßte den Vorstoß des Abtes und konnte sich schon im Sommer 1511 über das in zwei Büchern abgefaßte Werk *Miracula B. Mariae semper virginis* in Dettelbach freuen. Ausführlich beschrieb der Wundermann Trithemius im ersten Teil die Geschichte der Pilgerschaften nach Dettelbach unter Berücksichtigung anderer Marienwallfahrtsorte in der Diözese Würzburg. Von falschen Wundern und erfundenen Heilungen soll man sich abwenden, heilsame Orte überlieferter Volksfrömmigkeit hingegen aufsuchen. Im zweiten Buch sind an die sechzig Wunderheilungen verzeichnet.

Wallfahrten, Reliquienkulte und offiziell eingerichtete Pilgerschaften hatten Trithemius Zeit seines Lebens als religiöse Phänomene interessiert. Allerdings verabscheute er das Auftreten einiger seiner Ansicht nach falscher Propheten und gewisser Prediger nicht von oben autorisierter Pilgerschaften, wie sie als soziale Protestbewegungen gegen die fast erstarrte Kirche immer wieder spontan im süddeutschen Raum Tausende in ihren Bann zogen. Illegitim und aufrührerisch nannte er die zahlreichen wild ins Kraut schießenden religiösen Kulte, die das Ende der Gewalthierarchien und den baldigen Anbruch einer neuen Zeit verkündeten. Die Predigten des als Pfeifer von Niklashausen bekannten Hirten Hans Böheim fanden 1476

„Die nicklas hausser fart"
Staatsbibliothek Preußischer Kulturbesitz Berlin,
Inc. 1932

bei den unteren Volksschichten ein breites Echo und verschreckten die feudale Obrigkeit. Abfällig äußerte sich der konservativ und linientreu eingestellte Trithemius in seiner Version der sozialreligiösen Umsturz verheißenden Ereignisse:

„In diesem Jahr gab es in Franken einen Krüppel, der das Vieh hütete, einen armen und schwachsinnigen Menschen bei dem Dörflein Niklashausen, der gesagt hat, ihm sei die hl. Gottesmutter Maria auf dem Feld erschienen und habe ihn beauftragt, öffentlich allem Volk zu predigen und gegen die Fehler der Geistlichen und ihre Habsucht aufzutreten. Man brauche ferner den Fürsten keine Zölle und Padagium (Bede?) zu zahlen, die Wasserläufe, Fischwässer, Wälder und Jagden seien allen gemein, den Anordnungen der Priester und Bischöfe solle man nicht gehorchen und sich nicht um ihre Entscheidungen kümmern, auch weder Zehnten noch Zins irgend jemandem geben. Zu diesem Narren ist aus ganz Deutschland ein Volkszulauf entstanden wie zu einem hochheiligen Propheten, es wurde ihm viel Geld gebracht, Wunder angedichtet und es ist viel gegen die Reinheit des christlichen Glaubens geschehen. Dieser närrische Mensch ging in irgendein Haus und predigte aus dem Fenster, während ein entlaufener Mönch ihm die Worte vorsagte, allem Volk, das ihn umso lieber anhörte, je mehr er die Freiheiten der Kirche und die Herrenrechte der Fürsten zu verletzen und herabzusetzen bemüht war. Wunderbar ist der Wahn der Toren! Auf das Gerücht von dem neuen Propheten ist eine riesige Menschenmenge zusammengeströmt aus den entferntesten Gegenden und sie haben den elenden und ganz einfältigen Menschen mit gebeugten Knien angebetet und gerufen: Frommer Mann, erbarme dich unser! – was er alles hörte und geschehen ließ. Aber auch Fetzen von seiner Kleidung rissen sie wie Heiligtümer und Reliquien an sich und fühlten sich glücklich, wenn sie ihn berührten, und gewürdigt, wenn sie ihn hören und sehen konnten. Ununterbrochen und pausenlos strömte das Volk dorthin, und Leute jeden Alters und Geschlechts lagen zur Nachtzeit auf den Feldern, Wiesen und in Wäldern der Nachbarschaft, und es geschahen viel unsaubere Dinge. Schließlich hat der Bischof Rudolf von Würzburg, dem die Pfarrei Niklashausen gehört, seine Bewaffneten ausgeschickt und den falschen Propheten festnehmen und ihn, nachdem seine böse Absicht und seine vermutete Gottlosigkeit erwiesen war, verbrennen lassen. Damit hörte die Wanderung der Dummköpfe dorthin auf" (CHRONIKON SPANHEIMENSE, 1969: 189f).

Grundsätzlich und von seiner Einstellung her blieb Trithemius viel stärker dem Alten verhaftet als dem Neuen zugewandt. Er war der mittelalterlichen Bildungstradition, die er nicht wie andere Humanisten ablösen, sondern bewahren und bestenfalls erweitern wollte, und dem benediktinischen Frömmigkeitsideal sehr verpflichtet. Dafür machte er sich und andere stark. Klar kristallisieren sich die Grenzen von Trithemius' Bildungsoptimismus heraus: Obwohl selbst nach eigener Auskunft ein Liebhaber von Altertümern, hatte der strenggläubige und einer verklärenden Liebe der heidnischen Antike skeptisch gegenüberstehende Trithemius „not the slightest wish to undermine the foundations of Christian orthodoxy. On the contrary, his conscious purpose in the appeal was to help shore up, with help from the ancient authors, the structures of his theological orthodoxy. He does not seem to have recognized that the same appeal to the ancients could just as easily work against as for the theological principles he was espousing, a danger which was to be brought home for all to see only in the years immediately following his death in 1516 when the 'love of antiquity' proved to be a key factor in the dissolution of catholic orthodoxy by Protestantism" (Brann, 1981: 232f).

Trithemius' auch in unruhigen Zeiten immer weiter wachsender Ruhm als Schriftsteller gründete sich auf seinen keine Mühen scheuenden Fleiß und seinen Kenntnisreichtum. Das Bestreben um eine Verknüpfung der als positiv erachteten Anteile des weltlichen Humanismus mit klösterlicher Frömmigkeit und dem Kanon der Wissenschaften bescherten Trithemius auf Lebenszeit viel Arbeit mit nur schwer auffindbaren Quellen und schwierig zu lösenden Darstellungsproblemen.

Auf seine große Vorstellungskraft und seine (Er-)Findungsgabe konnte sich der Abt bislang verlassen, was immer kommen sollte.

a	clemens	a	Deus
b	clementiſſimus	b	Creatoꝛ
c	pius	c	Conditoꝛ
d	pijſſimus	d	Opifex
e	magnus	e	Dominus
f	excelſus	f	Dominatoꝛ
g	maximus	g	Conſolatoꝛ
h	optimus	h	Arbiter

Der sogenannte „Ave Maria Code" aus der „Polygraphia" enthält eine Sammlung lateinischer Ausdrücke, die als Codewörter Einzelbuchstaben bezeichnen. Das Wort „Abbe" / Abt läßt sich als scheinbarer Gebetsanfang „Deus clementissimus Creator magnus" verhüllen.

VI
F wie Fälschung

Mit Schrecken gewahrte der von der Lesbarkeit der Welt überzeugte Abt, daß sich überall ein schwarzer Dämon der unberechenbarsten Sorte breitmachte, dem nur schwer Einhalt zu gebieten war: der Druckfehlerteufel. In einer Ausgabe des für seine Gelehrsamkeit weltberühmten Impulsgebers Pico della Mirandola aus dem Jahr 1507 fanden sich beängstigenderweise nicht weniger als fünfzehn Seiten den Leser ermüdende Berichtigungen. Mit strengem Augenmerk wachte Trithemius über die gewünscht fehlerteufelfreie Drucklegung seiner Werke. Trotzdem wimmelte es im Spätwerk des schwarzen Abtes von Falschheiten und Fälschungen, die überwiegend bewußt in die Texte eingestreut worden waren.

Ende 1509, Anfang 1510 wurde der für seine Vielseitigkeit inzwischen berühmte Schriftsteller Trithemius mit Abt Johann von Hirschau nach Verhandlungen darüber einig, die vor Jahren beim Tod des alten Auftrag- und Geldgebers unterbrochene Geschichte des im Schwarzwald bei Calw gelegenen Klosters gegen Zahlung eines guten Honorars wieder aufzunehmen.

Auf umfangreiche Vorarbeiten zurückgreifend, setzte der schreibfleißige Trithemius 1510 die alte Arbeit fort und konnte den die Jahre 830 bis 1256 behandelnden ersten Teil seiner Geschichte des Klosters Hirschau bereits am 10. Januar 1511 beenden. Der zweite Teil behandelte die Jahre bis 1513 und konnte 1514 abgeschlossen werden.

In der Einleitung zu den „Hirschauer Annalen“ heißt es noch hochgestochen und vollmundig: „Die erste Vorschrift für den Geschichtsschreiber ist, sich von der ungefälschten Wahrheit leiten zu lassen. Ich weise es nicht von mir ab, dieser Forderung genügen zu können und zu wollen. Denn das Mönchsgelübde ebenso sehr wie der christliche Glaube nötigen mich, die Lüge zu verabscheuen, und gebieten, die Wahrheit zu lieben. Ein Mund, der lügt, tötet die Seele, und ein Schriftsteller, welcher Erlogenes mit Wahrem vermischt, bringt Verwirrung in die Geschichte" (Schneegans, 1882: 176), formulierte Trithemius seine theoretischen Ansprüche. An diese fühlte er sich jedoch praktisch nicht gebunden, sondern erfand lieber nach dem Motto „Der Zweck heiligt die Mittel" einen bunten Reigen frommer Lügen.

Im zweiten Teil des Werkes präsentierte Trithemius auch eine Genealogie der Habsburger, die er dank des als Zeitgenosse Chlodwigs erfundenen Chronisten Hunibald von den fränkischen Königen ableitete. In ruhmrediger Weise dichtete er den Franken sogar einen trojanischen Ursprung an, den nun auch der stets erwartungsvolle Kaiser Maximilian für sich beanspruchen durfte. Als Vertreter einer vorwissenschaftlichen und legendengestützten Geschichtsschreibung war Trithemius persönlich vielleicht sogar überzeugt, im Rahmen seiner imaginären Historiographie „der geschichtlichen Wahrheit nahe gekommen zu sein oder das überlieferte Alte ergänzend zu verbessern" (Staubach, 1988: 268).

An der Fabel von der trojanischen Herkunft der Franken hatten auch bereits einige ältere Geschichtsschreiber wie beispielsweise Vincenz von Beauvais, Otto von Freising sowie Gregor von Tours gesponnen, deren Arbeiten der Abt selbstverständlich gut kannte. Hinsichtlich Trithemius' Vorgehensweise ist zu bemerken, „dass er aus vorhandenen geringen Daten die älteste Geschichte Hirschaus kunstvoll aufgebaut und namentlich zur Beschämung der Mönche seiner Zeit eine Glanzperiode im 9. und 10. Jahrhundert aus Meginfrid, d. h. aus seiner eigenen Phantasie, heraufgezaubert hat, wie sie ein geschickter Verfasser historischer Romane nicht täuschender darstellen könnte" (Schneegans, 1882: 170f).

Bitter und mit grimmigen Humor beklagte sich Trithemius im Vorwort an den Auftraggeber darüber, daß die deutschen

Johannes Trithemius
Kupferstich des 18. Jahrhunderts aus unbekannter Vorlage nach Jolliret-Castrelot, „Les sciences maudites", Paris 1900

Fürsten mit Ausnahme der spendablen Philipp und Maximilian mehr für die Fütterung ihrer Jagdhunde als für die Arbeitsmöglichkeiten ihrer Historiker täten, von denen man trotzdem Hochleistungen verlangen würde. Finden nicht auch Spielleute bei Hofe mehr Beachtung und bessere Behandlung als die Geschichtsschreiber? Banausenhafte Fürsten würden die Historie und ihre Anforderungen sträflich vernachlässigen, aber von ihren Historikern bei der Herstellung von Stammbäumen und der Erforschung ihrer Ahnen wahre Wunder verlangen...

Nach dieser Stellungnahme war es nur noch ein kleiner Schritt bis zu dem Entschluß, bei der Produktion von wahren Wundern künstlich mit genügend Einfallsreichtum nachzuhelfen, oft das letzte Mittel, das dem fleißigen Geschichts- und Geschichtenschreiber blieb. Von eventuell aufgetretenen Skrupeln, Unvermutetes, Sensationelles oder Unerhörtes aus der Kutte zu zaubern, dürfte Trithemius sich schon früh und schnell verabschiedet haben. Dies beweist sein ausdauernder Fälscherfleiß bei der imaginären Herleitung verschiedener Stammes- und Klostergeschichten und bei der Abfassung der fränkischen Pseudoethnographie *Compendium sive breviarium primi voluminis chronicarum sive annalium de origine regum et gentis Francorum*. Durchs Erfinden ließen sich fehlende Bindeglieder in bis in die graue Vorzeit reichende Ableitungsketten finden. Für den bekannten Autor Trithemius gab es viele Schreibaufträge, der Ehrensold floß reichlich und von dem Geld ließen sich viele schöne neue Bücher kaufen, seit jeher ein Hauptmotiv für die Aktivitäten des Abtes.

Nach vierundfünfzig Monaten mühsamer, oft bis in die Nacht reichende Schreib- und Kompilationsarbeit mußte der von den Leiden der Schriftstellerei geplagte Trithemius einen Kräfteverfall konstatieren, obwohl er sich selbst gesundheitlich für robust gehalten hatte. Bis in den Schlaf und in die Träume verfolgten ihn die Bruchstücke der Arbeit. In dem Widmungsbrief an den Abt des Klosters Hirschau klagte der kränkelnde Trithemius über Augenmüdigkeit und nervöse Erschöpfung, die auf die hinter ihm liegenden Anstrengungen zurückzuführen seien. Diese waren doppelt groß, da der Abt in der Zeit der Abfassung auch andere Schreibvorhaben, darunter das fragmentarische Mammutwerk über die Geschichte der Franken, vorangetrieben hatte.

In einem an einen gerade fünfzig Jahre alt gewordenen Freund adressierten Brief hatte der Endvierziger Trithemius auch im Hinblick auf den eigenen Lebensabend bereits 1507 gemahnt: „Du hast jetzt das fünfzigste Lebensjahr überschritten und mußt wissen, welche Studien dir nun ziemen. Andere Antriebe brachte die Jugend, anderes gebietet das Alter zu erwägen. Unsere Lebenssonne neigt sich dem Untergange zu, und die Leibeskräfte, welche der Mittag darreichte, verzehrt die Abendstunde allmählich. Für die Seele muß nun Sorge getragen werden, die unsterblich ist. Genug Zugeständnisse haben wir dem Fleische gemacht; dem Esel muß freilich das nötige Futter gereicht werden, doch fern sei jede Genussucht" (Schneegans, 1882: 269).

Unglücklicherweise stießen die durch Trithemius in Auszügen vorgebrachten Mitteilungen des fiktiven Chronisten Hunibaldus über das Alter und die Vorfahren der Habsburger bei Maximilian auf größtes Interesse. Der Kaiser steckte in ständigen Legitimationsschwierigkeiten seiner Vorherrschaftsansprüche. Zur demonstrativen Unterstreichung seiner Überlegenheit gegenüber anderen Fürstenhäusern beschäftigte er ein Heer von Stammbaumforschern, Historikern und Ahnenkundlern. Dichter, Gelehrte und Genealogen der windigen Art mirakelwerkelten am Mythos Auserwähltheit und „trugen ihm Entdeckungen, Erkenntnisse und Spekulationen zu, die geeignet waren, seine Abstammungstheorien abzusichern und das grandiose Bild von der Familie Habsburg mit immer mehr Details auszugestalten" (Herm, 1992: 180).

Der trojanisierte Kaiser verlangte den hochinteressanten Codex über den Ursprung des Frankenvolkes nach den zwölf (!) letzten (!) Büchern des Hunibaldus in originaler Urschrift zu sehen und selbst in Händen zu halten. Ein Bote fand sich auf

„Man spürt wohl in der Alchemei
Und in des Weines Arzenei,
Welch Lug und Trug auf Erden sei.“

„Von Fälschern und Beschiß“ aus Brants „Narrenschiff“

allerhöchsten Befehl vor den Klostermauern ein, doch der Abt stellte sich stur und wollte nichts herausgeben. Scheinbar leutselig und auskunftsbestrebt setzte er den Beamten auf eine falsche Fährte, beschrieb ihm ungefähr das Aussehen der wurmstichigen Chronik und ließ ihn den wegen des hohen Alters kaum noch entzifferbaren *Hunibaldus* in Mainz und in Sponheim suchen. Ein zweiter Hofbeamter stellte schon hartnäckiger allerhand Fragen nach dem Verbleib des Bücherschatzes, doch auch dieser Vorstoß blieb letztlich ergebnislos. Vergebliche Nachforschungen wurden auch auf kaiserlichen Befehl im Kloster Hirschau angestellt, wohin der neue Sponheimer Abt Bücher verkauft haben soll. Ironischerweise empfahl ausgerechnet der Schelm in der Kutte Trithemius, der es zuweilen faustdick hinter den Ohren hatte, man möge genügend Ausdauer mitbringen, da es Bibliophile gäbe, die ihre Bücherschätze Besuchern nicht gern freiwillig vorzeigen würden.

Mit unverhohlener Ironie geißelte der 1508 verstorbene Freund des Trithemius Konrad Celtis in einem Epigramm die unmäßigen Abstammungsansprüche gewisser Fürsten:

De evocatione daemonum

Scire volens, quali fuerit genitore creatus,
rex quondam magno fultus in imperio;
forte venit vita defunctos reddere doctus
quique animam tetro carceri restituit.
Rex se sperabat genitorem cernere regem,
sed monachus magno corpore visus erat.

Geisterbeschwörung

Wissen wollte einmal ein König, ein mächtiger Herrscher,
wer sein Vater wohl sei, der ihn dereinst erzeugt.
Kam da zu ihm ein Mensch, ein erfahrener Totenbeschwörer,
welcher die Seelen zurück bracht in ihr schnödes Verlies.
Einen König als Vater erhoffte der Herrscher zu sehen,
was er sah, war jedoch nur ein dickbäuchiger Mönch.

Kam man seinen Wünschen nicht entgegen, so hörte für Kaiser Maximilian jeglicher Spaß auf, was für die unter dem Druck des Zugzwanges stehenden Wunscherfüller unangenehme Folgen haben konnte. Nicht gerade zimperlich in seinen Methoden und unter Androhung von Repressalien beziehungsweise direkter Beschneidung ihrer Rechte zwang der wißbegierige „letzte Ritter“ 1512 die Chorherren des Trierer Doms, die Reliquie des „Heiligen Rockes“ * aus ihrer Ummauerung zu reißen und ihn sehen zu lassen.

Von dieser rüden Vorgehensweise dürfte Trithemius sicher erfahren haben, wiewohl er sie schriftlich nicht erwähnte. Nichts Gutes ahnend, mochte er sich daran erinnert haben, daß der ungeduldige Neu-Trojaner Maximilian nun schon lange und sehr lebhaft den Hunibald-Codex zu sehen begehrte. Die Unbill bringenden Quälgeister, die der schwarze Abt mit der Erfindung des Hunibald, Meginfrid und anderer Größen der imaginären Geschichtsschreibung heraufbeschworen hatte, waren realiter nur schwer wieder loszuwerden. Die Blamage einer nachhaltigen Rufschädigung und die Wut eines düpierten und sich bei mehreren Gelegenheiten seiner Schwindelfreiheit rühmenden Fürsten durften nicht unterschätzt werden.

Die hunibaldische Selbstüberlistung hatte den trickreichen Federfuchs Trithemius in eine schlimme Klemme gebracht. Er war seinem eigenen Streich aufgesessen und suchte nach einem in die Zukunft weisenden Ausweg. Für ein „Zurück“ konnte er sich nicht entscheiden, also blieb nur die Flucht nach vorn. Mit einem Ablenkungsmanöver konnte man Zeit gewinnen, um eine neue Schliche zu erfinden. Dem Kaiser versicherte Trithemius in einem auf den 21. April 1513 datierten Brief, daß er den Hunibald zum Teil auf Papierblättern und

* Die Reliquie wurde am 1. Mai 1196 in den Altar des soeben fertiggestellten Trierer Domes eingemauert. Sie war und ist Ziel großer Verehrung, vieler Pilgerschaften und Wallfahrten.

andernteils im Gedächtnis gehabt hätte. Die Aufzeichnungen seien wahrscheinlich zusammen mit vielen anderen Werken im Kloster zurückgeblieben, das der Abt am 1. April 1505, dem Tag der Narren, verlassen hatte. Bei Gelegenheit werde er nach dem Verbleib der Hunibaldaufzeichnungen forschen, beschwichtigte der Mann, dem der Ruhm längst über den Kopf gewachsen war und der sich so gern wie ein mittelalterlicher Wundermann betrug.

Um nach langer Abwesenheit wieder auf der Bursfelder Generalversammlung anwesend sein zu können, reiste Trithemius 1513 nach Mainz, wo er viele befreundete Äbte und einige bekannte Gegner letztmalig wiedersah. Erfolgreich bat er um Aufnahme seines Würzburger Schottenklosters in die Reformunion und trat gleich die Rückreise an, um weiter seinen schriftstellerischen Arbeiten für weltliche und geistliche Auftraggeber nachgehen zu können. „Durch Kaiser Max und wohl Celtes, Suntheim und andere ward Trithemius der genealogischen Geschichtsschreibung zugeführt und geriet dabei auf die Abwege seiner Zeit, die Legendenbildung, auf das Hinaufschrauben der Herkunft fürstlicher Häuser in sehr hohe Zeiten. Trithemius ward geschichtlicher Lobredner für Ehrensold. An und für sich phantasiereich veranlagt, geriet Trithemius auf Wege, die er nicht hätte betreten sollen, bereits 1515 im Compendium, das er unter kaiserlichem Schutz ausgehen ließ. Echt humanistisch regte sich bei Trithemius der Hang nach sensationellen Funden. Solche Funde lagen aber gerade nicht vor, deshalb geriet Trithemius auf den Einfall, sich selbst den Stoff zurecht zu legen, erfand Geschichtsschreiber früher Zeit mit den abenteuerlichsten Namen, verwickelte sich in Widersprüche mit vorhandenen glaubwürdigen Quellen, und kaiserlicherseits zur Rede gestellt in selbstanklagende Angaben, die ihn nur tiefer verwickelten und bloßstellten. Trithemius vernachlässigte bei dem Compendium auch die wörtliche Wiedergabe seiner Quellen und gab unter sich abweichend die Texte", resümiert Roth (1916: 10f).

Trotz des zunächst Aufschub und Zeitgewinn bringenden Ablenkungsmanövers blieben Beweisnot und Erklärungsbedarf im Fall Hunibald und Co. natürlich weiter bestehen. Selbst für gewiefte Taktiker lassen sich Sachzwänge nicht so leicht abschütteln oder übergehen. Die Nachfragen zur Herkunft der neuen Geschichtsquelle wollten nicht verstummen, auch wenn Trithemius Überbeschäftigung, Krankheit und Verpflichtungen anführte.

Alle Ausflüchte halfen nicht. Nach einem Kurzbesuch 1508 an die alte Stätte seines Wirkens, über den man wenig Einzelheiten weiß, stand der Hunibaldsucher Trithemius 1515 noch einmal vor Sankt Martins Klosterpforte. „Wie du es mir befohlen, habe ich mich persönlich nach Sponheim begeben und den Hunibald gesucht, aber nicht gefunden. Ich vermuthe, daß er mit mehreren Anderen ist um Geld verkauft worden. Ich ging in das Kloster und habe die Untersuchung genau angestellt; aber die Bibliothek konnte ich nicht sehen, da man sagte, sie sei verschwunden" (Silbernagl, 1868: 193), schrieb Trithemius am 22. November an Kaiser Maximilian und tat dabei so, als habe er das obskure Objekt der Begierde nicht mehr finden können.

Im Auftrag des Mainzer Kurfürsten und Erzbischofs von Magdeburg Albrecht von Brandenburg, der auch Wimpfeling gefördert hatte, arbeitete Trithemius 1515 als Biograph an den Lebensbeschreibungen zweier Bischöfe des Mittelalters, nämlich Maximus und Hrabanus Maurus. 1495 hatte Trithemius übungshalber Werke des Maximus übersetzt, auf die er in der Lebensbeschreibung als Produkt vorwissenschaftlicher Kirchengeschichtsschreibung zurückgreifen konnte. Hauptzeuge seiner Darstellungsbemühungen war der falsche Kronzeuge Meginfrid von Fulda, was die Arbeit über einen das Heidentum bekämpfenden Bischof aus der Frühzeit des Christentums zu einer lobhudelnden Fiktion gerinnen ließ. Interessanter fiel die Darstellung der zweiten Bischofsvita aus.

Hrabanus Maurus (780/83-856) diente der Abtei Fulda als Vorsteher und Kirchenlehrer. Unter seinem Wirken stieg Fulda zur berühmtesten Klosterschule des ostfränkischen Reiches auf. Zwei Jahrzehnte zwischen 822 und 842 unterrichtete der überaus belesene Gelehrte, selbst ein Schüler des legendären angelsächsischen Theologen Alkuin, 800 Mönche, ehe die innerfränkischen Kämpfe Hrabanus zur Amtsaufgabe* zwangen. Voraussetzung für die Erziehungsarbeit des Bildungsoptimisten Hraban war die von ihm eingerichtete Klosterbibliothek, deren Bestand der heutigen Forschung als der umfangreichste des 9. Jahrhunderts gilt. Hrabanus Maurus genoß auch als Kirchenschriftsteller hohes Ansehen und verbrachte seine letzten Jahre als Erzbischof von Mainz. Dort fanden unter der Obhut des rüstigen Siebzigjährigen noch drei Synoden statt. Sein schriftliches Lebenswerk ist sehr umfangreich und erstaunlich vielseitig. Originell zu nennen sind auch heute noch die auf spielerische Buchstabenkombinationen gegründeten Figurengedichte zum „Lob des Kreuzes“. Hier sind einzelne Buchstaben so angedeutet, daß sie als Gedicht im Gedicht eigene neue Verse bilden und zusätzlich noch eine Figur, zum Beispiel in Kreis- oder Kreuzform, darstellen. Diese Fortführung und Wiederbelebung einer Dichtungsart der Spätantike erfreute sich im Mittelalter und im manieristischen Bereich der Renaissance großer Beliebtheit. Manchem aufmerksamen Betrachter mag sie heute wie ein Vorläufer der Konkreten Poesie erscheinen. Für Trithemius war Hrabanus Maurus, mit dem ihm biographische Parallelen verbanden, persönliches Vor- und Wunsch-

* Selbst der von Trithemius verehrte Heilige Benedikt, Stifter der nach ihm benannten Regel, war im 6. Jahrhundert als Abt an seinen aufmüpfigen und disziplinlosen Mönchen gescheitert.

bild, Leit- und Identifikationsfigur. Beide liebten die Bücherwelt über alles, stemmten sich jeder in seiner Zeit gegen den Niedergang des gelehrten Mönchtums, mußten sich mit undankbarem oder unbelehrbarem Klostervolk herumschlagen und standen unter dem Schutz mächtiger Fürsten. Überdies gibt es noch zwei heute kaum mehr bekannte Gemeinsamkeiten zwischen Hrabanus Maurus und Trithemius: beide gaben sich als Gegner der Astrologie aus und waren trotzdem Magieexperten; Maurus hatte seine Kenntnisse in der Abhandlung *De magicis artibus* unter Beweis gestellt.

Gelehrtentugenden, Frömmigkeit, Lerneifer, Beredsamkeit und Kenntnisse der Philosophiegeschichte zeichnen gute Mönche aus. *Vita beati Rabani Mauri*, in der auch der unvermeidlich gewordene Meginfrid herumspukt, ist eine Doppelbiographie über Hrabanus Maurus und über Trithemius selbst. Natürlich sollte dieses erst 1658 in Druck gelangte Werk die Überlegenheit mönchischer Gelehrsamkeit über alle weltliche Bildung beweisen. Auf diese Art wollte Trithemius sein Lebensmotto vom Zipfel der Mönchskutte als Hort des Wissens bestätigt sehen: „Scientia latet in cucullis“.

Diese Position wurde ausgerechnet von Jakob Wimpfeling, längst Rivale des Trithemius im Buhlen um Förderung durch Fürstengunst, in Zweifel gezogen, wiederholt unterlaufen und bereits 1506 nachhaltig erschüttert. Die alte Streitfrage „Wer ist gelehrter: Mönch oder Laie?“ glaubte er in seiner Schrift *De Moses, Gregor integritate libellus* zugunsten der Letztgenannten beantworten zu können, da beispielsweise Beda und Augustinus gar keine Kuttenträger gewesen seien. Die Polemik in der publizistischen Behandlung dieser Streitfrage nahm ständig zu. In den vom Reuchlin-Streit getragenen satirischen Dunkelmännerbriefen *Epistolae obscorum virorum* (1515 und 1517 gedruckt) war der Zipfel einer Mönchskapuze bestenfalls noch ein Hort von schlecht bemäntelter Dummheit und

Ignoranz. Klerikaler Bildungsoptimismus wurde hier nur noch als überheblicher und verfehlter Anspruch abgetan, was der später in nicht sehr origineller Weise als fetter Abt verunglimpfte Trithemius nicht mehr persönlich am eigenen Leib oder am dünnen Zaubermantel vergänglichen Ruhms erleben mußte. Von Trithemius-Schülern wurde der wankelmütige Wimpfeling heftig attackiert, da man ihm unter anderen Motiven für seine Ausfälle auch blanken Neid auf den Ruhm und die Gelehrsamkeit des Abtes unterstellte. Der „Trithemophilius" Butzbach verfaßte neben einer an Picos Apologia angelehnte Verteidigungsschrift um 1509 auch das Werk *Macrostroma de laudibus Trithemianis*... das den Gelobten „vor den Zähnen solcher Wölfe bewahren sollte" und auch gegen den Vorwurf der Zaubereiausübung in Schutz nahm. Seinen Lehrer bezeichnete der Verteidiger mönchischer Gelehrsamkeit als „heiligen Abt aller schönen Künste und Wissenschaften" und als auch in den natürlichen Geheimnissen bewandertes „Wunder unseres Jahrhunderts" (Butzbach, 1508: 87). Wiederholt hat Butzbach, der Trithemius' literarhistorische Arbeiten fortsetzte und ergänzte, Trithemius mit dem hochangesehenen Wundermönch Albertus Magnus* verglichen, dem unverständige Geister auch allerlei Bosheiten und Teufeleien an die Kutte geflickt hatten.

„1514 bot sich Trithemius dem Kaiser an, Ausgaben alter und neuer Schriftsteller zu veranstalten und der Verleger Haselberg wollte den Verlag übernehmen. Kaiser Max erteilte am 10. November 1514 ein Druckprivileg hierfür. Konrad Peutinger, kaiserlicher Rat, sollte die von Trithemius und Haselberg vorgeschlagenen Arbeiten Trithems prüfen und zum Druck zulassen. Vorläufig handelte es sich um das von Haselberg übernommene *Compendium sive breviarium primi voluminis annalium*, gedruckt auf Haselbergs Kosten am 12. Juli 1515 zu Mainz bei

* Auch Albertus Magnus, von dem Trithemius naturphilosophische Schriften besaß, hatte sich zeitweilig als Mönch in Würzburg aufgehalten.

Johann Schoeffer. Der Druck, zugleich eine Lobrede auf das Alter des Hauses Habsburg, enthält das Privileg des Kaisers für die Schriften Trithems" (Roth, 1916: 18).

Der Trithemius gegenüber mißtrauisch gewordene Hofhumanist Peutinger erklärte nicht alles aus der Feder des Abtes für druckfähig. Aus seinen Notizen geht Überraschendes hervor: „Das Compendium des Abtes von Sponheim habe ich eigentlich nur deswegen zur Veröffentlichung im Druck freigegeben, damit seine Possen öffentlich entlarvt werden. Da er keinen realen Autor seiner Geschichte vorzeigen kann, erdichtet er einen gewissen Hunibald…" (König, 1923: 295, dt. von M. K.).

Nach dem Tod des Schottenabtes ließ der Kaiser den Hunibald-Codex auch noch in Würzburg suchen und schickte nach Konsultation mit Peutinger den Hofhistoriographen, Mathematiker und Astronomen Stabius 1517 ins Schottenkloster. Doch dort fand der einflußreiche Ratgeber Maximilians nur die mehrfach nach Belieben geänderten Quellennotizen des Hunibald in der Handschrift des Trithemius vor.

Mit beißender Häme ließ genau dieser Stabius wahrscheinlich 1515 eine Karikatur auf den schwarzen Abt anfertigen, die diesen in Anspielung auf die von ihm selbst im *Compendium* geschilderte Traumvision eines fränkischen Königs als dreiköpfiges Ungeheuer mit Löwen-, Adler-, und Krötenkopf abbildete. „Den größten aller Fabelhänse" nannte Stabius den sarkastisch als Spintisierer Gescholtenen in der Beischrift zu diesem am Hof kursierenden Spottbild, „da der Abt aus Unwissenheit oder besser aus mönchischer Überheblichkeit alles durcheinanderwirft" (Laschitzer, 1887: 21f).

Abbildung ►

Spottbild auf Trithemius in der Schrift des Stabius
über die Genealogie des Kaisers Maximilian I.
Codex der K. u. K. Hofbibliothek in Wien, Nr. 3327, Fol. 6

Juppiter Abbatis Spanhamensis
Cuius Auctoritate libris suis Chro=
nicis fidem facit :

Für Trithemius wurde die Luft zum Atmen langsam knapp und hinsichtlich des Erklärungsnotstandes sah er sich 1516 noch weiter in die Enge getrieben, nachdem auch der sächsische Herzog Friedrich der Weise Aufschluß über die Quellen des Trithemius verlangt hatte. Der Herzog hatte Jahre zuvor vergeblich versucht, den schriftstellernden Abt zur Niederschrift einer Geschichte Sachsens zu bewegen und war vielleicht auch deshalb nicht gut auf den Benediktiner zu sprechen. Er schaltete sogar den Würzburger Bischof Bibra ein, der nun seinerseits als Vorgesetzter unangenehme Fragen nach der Herkunft der so begehrten neuen Quellen stellte. Zum letzten Mal ging der um Ausreden und Trickserei selten verlegene Abt in die Offensive über und erfand in Trostbriefen die Existenz einiger noch fabelhafterer Quellen, deren Fragmente er schon vor dreißig Jahren gefunden und leider durch die Sponheimer Ereignisse wieder aus den Augen verloren zu haben vorgab.

Ende 1516 beschuldigte der Markgraf Kasimir von Kulmbach unter Einbeziehung Peutingers den schwarzen Abt bei Kaiser Maximilian, ein aufgeblasener Fälscher zu sein. Trithemius konnte auf diese Vorwürfe nicht mehr antworten, da der Tod einen Strich durch alle offenen Abrechnungen machte.

Solange es seine angegriffene Gesundheit und die äußeren Umstände erlaubten, arbeitete der Schriftsteller Trithemius an seinen vielen Projekten. Zu einem eigenen umfassenden Ideensystem konnte er wegen der kurzen Lebensspanne nicht mehr gelangen. Sein letztes Werk sollte die Wunder der Jungfrau „Maria in den Nesseln" bei Heilbronn und ihren spirituellen Nutzen behandeln, doch *De laudibus et miraculis beatae Mariae in Urticeto factis* blieb als Beitrag zur mystischen Theologie und Wallfahrtsgeschichte unvollendet. Das ursprünglich breitangelegte Werk bietet allerlei Wundergeschichten nach bekanntem Muster, warnt allerdings auch vor Anfälligkeiten durch Vortäuschung von Wallfahrtschwindel. Man solle echte von falschen Mirakeln unterscheiden und sich der menschlichen Anfälligkeit für Täuschungen bewußt werden. Mitten in der Arbeit an dem Abschnitt über die Wunderheilung eines blinden Knaben nahm der Tod dem Abt am 13. Dezember 1516 die Schreibfeder aus der Hand. Trithemius starb im Alter von vierundfünfzig Jahren, zehn Monaten und zwölf Tagen. Er wurde zunächst in der Kirche seines Klosters beigesetzt, dem er zehn Jahre als Abt vorgestanden hatte. Über seine letzten Lebensmonate ist nur wenig bekannt. Trithemius starb zu der Zeitwende am Vorabend der Reformation, deren kirchenspalterischen Folgen er sicher vehement bekämpft hätte.

Der Klosterbibliothek fielen mehrere hundert Bücher und dreizehn Handschriften zu. „Private Manuskripte" sollen angeblich per Testament (?) an Agrippa von Nettesheim gekommen sein, behauptete dessen Biograph Morley (1856, Bd. II: 78) Ende des 19. Jahrhunderts. Im Nachlaß des berühmten wie umstrittenen Trithemius fand man einhundert Gulden Bargeld, Musikinstrumente, drei prunkvolle Rosarien, Edelsteine, Ringe, Becher und Ehrenpokale, medizinische Gläser, astronomische Instrumente, einen reich verzierten, bequemen Sessel und sogar ein Schwert unbekannter Herkunft.

Im Jahr 1517 wurde dem Trithemius ein imposanter Grabstein im neuen Renaissancestil gesetzt, der wahrscheinlich von Tilman Riemenschneider oder aus seiner Werkstatt stammt. Lebensgroß ist der Verblichene in einem Abtsgewand mit Mitra und Stab dargestellt. In der rechten Hand hält er einen geöffneten Codex. Zu seinen Füßen befindet sich das trithemianische Wappen, die in Zapfenform aufrechtwachsende Traube. Ein Schriftband enthält die Worte: „Anno Domini MCCCCCXVI ipso die sanctae Luciae obiit venerabilis Pater Dominus Johannes Trithemius abbas hujus coenobii, cujus anima in sancta requiescat pace. Amen."

Später ließ der Würzburger Bischof Flach zusätzlich eine Tafel mit einer selbstverfaßten, beziehungsreichen Inschrift anbringen:

Hanc meruit statuam Germanae gloria gentis,
Abbas Trithemius, quem tegit ista domus.
Quam fuerit literis simul et virtute celebris,
Admiranda sui dant monumenta styli.
Arguit hoc etiam multorum gloria regum,
Exquibus inprimis Maximus Aemilius.
Maximus Aemilius Romani gloria sceptri,
Qui fuit Austriacae clara propago Domus.
Hujus magnifica fuit acceptissimus aula,
Et primum tribuit docta caterva locum.
Absit suspicio de Daemonis arte Magia,
Contra quam magnum scribere coepit opus.
Ut vivit fama, sic vivat mente beatus,
Et videat summi coelica regna Dei.

Eine weitere Inschrift, 1720 hinzugefügt, nachdem man die letzte Ruhe des Trithemius durch mehrjährige Baumaßnahmen zur Erhöhung des Kirchenbodens gestört hatte, lautet: „Hic requiescunt ossa Viri pietate et doctrina celeberrimi Joannis Trithemii, primo Spanheimensis, deine hujus ad S. Jacobum monasterii Abbatis, reposita anno MDCCXX" (Silbernagl, 1868: 232).

In der Schottenkirche sollte der schwarze Abt keine Ruhe finden, denn 1813 wurde das Gebäude in ein Militärmagazin umgewandelt und ausgerechnet mit Schwarzpulver aufgefüllt.

1825 überführte man die Gebeine und das Grabdenkmal des Trithemius in die Neumünsterkirche zu Würzburg.

Grabmal des Johannes Trithemius
Würzburg, Neumünster

VII
Geisterbeschwörung: Nachruhm zwischen Lösen und Binden

Kaum hatte der Abt Ende des Jahres 1516 das Zeitliche gesegnet, geriet die Nachwelt in Unsicherheit und Streit darüber, ob man Trithemius in der Bewertung von Leben und Werk posthum die Narrenkappe oder der Mode entsprechend den Topfhut des Weisen aufs Haupt zu setzen habe.

Krone und / oder Narrenkappe.
Holzschnitt aus Brants „Narrenschiff"

Mit Sicherheit jedoch waren seine posthum gedruckten Bücher und die handschriftlichen Aufzeichnungen bei wissenshungrigen Menschen und bibliophilen Sammlern sehr begehrt und wurden als Raritäten gesucht. Üppig schossen kaum hinterfragte Legenden über das Wirken des häufig als Schwarzkünstler gescholtenen Wundermannes ins Kraut. Übertreibungen und Verzerrungen begünstigten die Herausbildung einer polemischen Rezeptionstradition. Den wild wuchernden Überzeichnungen im nachweltlichen Bild des Trithemius trat nur selten jemand seiner Zeitgenossen entgegen. Eine Ausnahme bildeten Schüler wie Johannes Butzbach und vor allem Agrippa von Nettesheim, der selbst bereits zu Lebzeiten Opfer zahlreicher Verleumdungen geworden war (vgl. Kuper, 1994). Mit schwarzem Humor verspottete der Zyniker Agrippa von Nettesheim 1535 in der zu Straßburg gedruckten Gelegenheitsschrift *Ein Sendtbrieff an Burgermeister und Rath der Stat Cöln wider die Sophisten* die unwissenden Gegner des schwarzen Abtes: „Also da vor jahren etlich nicht von den unachtsamsten Cölnischen Magistris nostris in herrn Johann Rincken haus… zů gast waren, unnd funden da ungefer das bůch Joannis Tritthemii, abts zu Spanheym, Polygraphia, das ist, von mancherley weyse zů schreyben, intituliert, welches so sie nicht versteen künden, und under andern verdeckten reden darinne lasen von dem Vogel Archimedis … fiengen sie gleich an ire stirnen zů rümpsien und die nasen zů schneutzen, und eyttel ketzerey, ergerniß, zauberey, teufel, gespenst, und rumpelgeyst zů fantisieren, und gedachten darzů den ketzer meister zůfordern und groß wunder zů schaffen, biß das sie irer sorgfeltigen unwissenheyt und irrung, und ires groben verstands unnd boßhafftigen gewissens halben verschempt unnd schamroth gemacht, mit viel grösser eren seind von danen gangen, dan sie dar waren kommen.“

Die protestantische Konfessionspolemik nahm sich des Trithemius an und setzte ihm posthum den Kegelhut des Zauberers, Blendwerkers und Nekromanten auf. Ihre häufig die Verleumdung von Glaubensgegnern anvisierende Darstellungsstrategie begünstigte im Fall des Trithemius die Herausbildung und Verfestigung einer legendengestützten und polemischen Überlieferungstradition. Während eines Tischgesprächs am 29. März 1539 verneinte Luther die an ihn gerichtete Frage, ob der wahre Samuel zum Leben erweckt wurde und erklärte, es habe sich um ein durch verbotene Totenbeschwörung erzeugtes Trugbild des Teufels gehandelt. Als Gegner der seiner Ansicht nach nur Teufelswerk verschleiernden Renaissancemagie verdammte Luther auch den noch namenlosen Magier, der Kaiser Maximilian Erscheinungen längst verblichener Herrscher in Menschengestalt vorgegaukelt haben soll. Zwanzig Jahre später wurde der vormals unbekannte Magier beim Namen genannt und von dem protestantischen Schriftsteller und Lutherschüler Caspar Goltwurm in dessen erheblich erweiterten Version von 1557 identifiziert: Trithemius.

Diese bereits zu einem frühen Zeitpunkt vorgenommene Identifikation des ursprünglich namenlosen Magiers mit dem Abt von Sponheim hatte Rückwirkungen auf den Herausgeber und Bearbeiter von Luthers Tischreden. Die nachträglich veränderte Passage des Tischgesprächs vom 29. März 1539 lautet: „Gleich wie ein Zäuberer und Schwarzkunstiger, der Abt von Spanheim, hatte zu Wegen gebracht, daß Kaiser Maximilian alle verstorbenen Kaiser und große Helden, die Neuen Besten, so man also heißet, in seinem Gemach nach einander gehend gesehen hatte, wie ein jeglicher gestalt und bekleidet war gewest, da er gelebet, unter welchen auch gewest war der große Alexander, Julius Cäsar, item des Kaisers Maximilian Braut…“ (Luthers Werke, 1916, 1967, Bd. IV: 319).

Das Trithemius-Bild des calvinistischen Arztes und Schriftstellers Johann Weyer, auch Wier oder Wierus genannt, ist ebenfalls an der Tradition der protestantischen Polemik orientiert und erklärt die Beschwörungslegende in leicht abgewandelter Form. Weyer, 1532/1533 ein Schüler des Herrn von Nettesheim in Bonn, galt als ein hervorragender Arzt mit fortschrittlichen Diagnose- und Behandlungsmethoden. Als einer der ersten Theoretiker der Melancholie sah Weyer in den wegen

Johannes Wierus im Alter von 60 Jahren mit dem Wahlspruch „Besiege dich selbst"

Hexerei angeklagten Frauen vor allem melancholische Opfer eigener oder fremder Einbildungskraft, denen man medizinisch und nicht durch die Halsgerichtsordnung der Justiz zu helfen habe.

In seinem berühmten Buch über die Blendwerke der Dämonen *De praestigiis daemonum*... (Basel, 1563) sprach sich Weyer als Anwalt der Frauen gegen den Hexenwahn aus und tadelte dessen Verfechter und Zuarbeiter. Weyer hatte als Jüngling heimlich Agrippas Abschrift der *Steganographia* in Bonn gelesen und stieß so zum ersten Mal auf Trithemius. Jahrzehnte später verstand Weyer, daß Trithemius' unheilvoller publizistischer Einfluß auf die Geschichte der Hexenverfolgung die dunkle Kehrseite von dessen Faszination, der als Schwarze Kunst gescholtenen Gelehrtenmagie war, deren Abwege Weyer mißfielen.

Ähnliche Argumente brachte der Heidelberger Professor für Mathematik und klassische Sprachen, Hermann Witekind, unter dem Pseudonym Augustin Lercheimer in seinem 1583 gedruckten Buch *Bedenken von Zauberey* vor. Scharf tadelte er das Interesse der Oberschicht und Fürsten an den Blendwerke hervorbringenden, spektakulären Künsten der verbotenen Magie. Witekind alias Lercheimer lieferte die schillerndste und schon mit Elementen des Magiers im Faustbuch durchsetzte Version der Beschwörungslegende: „Diß, was jtzt von jm (Trithemius) erzelen wil, habe ich zu mehrmalen von ansehenlichen glaubwirdigen leuten gehört. Keyser Maximilian der erste, der hochlöbliche, hatte zum ehegemahl Mariam Carols von Burgundien tochter, die jm hertzlich lieb war, und er sich hefftig um jren todt bekümmerte. Diß wußte der Abt wol, erbeut sich, er wil sie jm wider für augen bringen, daß er sich an jrem angesichte ergetze, so es jm gefalle. Er leßt sich uberreden, williget in diesen gefehrlichen fürwitz. Gehen mit einander in ein besonder gemach, nemmen noch einen zu sich, daß jrer drey waren: und verbeut jnen der zauberer, daß jrer keiner bey leibe kein wort rede, so lange das gespenst werete. Maria kommt hereinn gegangen, wie der gestorbene Samuel zum Saul, spazirt fein seuberlich für jnen uber, der lebendigen wahren Marien so einlich, daß gar kein underscheid war und nicht das geringste daran mangelte. Ja in anmerckung und verwunderung der gleicheit, wird der Keyser eingedenck, daß sie ein schwartz flecklein zu hinderst am halß gehabt, auff das hat er acht und befinds auch also, da sie zum andern mal für uber gieng. So eben weiß der teuffel, wie ein jeder geschaffen ist, und so ein gute gedechtnuß hat er, und solcher meister ist er im abcontrofeien. Da ist den Keyser ein grawen ankommen, hat dem Abt gewincket, er sol das gespenst weg thun: und darnach mit zittern und zorn zu jm gesprochen: Mönch, mache mir der poßen keine mehr: und hat bekannt wie schwerlich und kaum er sich habe enthalten, daß er jr nicht zu redete. Wann das geschehen were, so hette jn der böse geist umbracht. Darrauf wars gespielt: aber Gott hat den frommen gottesförchtigen Herrn gnediglilch behüt und gewarnet, daß er hinfort solcher schawspiele müßig gienge" (zitiert nach Baron, 1991: 51f).

Das zum Teil wortwörtliche Ausschlachten dieser Quelle bildet die Grundlage für die lange Zaubervorstellungspassage von Trithemius gegenüber Kaiser Maximilian in Leo Weismantels historischem Roman *Die höllische Trinität* aus dem Jahr 1966.

Im *Theatrum de veneficis, das ist, von Teufelsgespenst, Zauberei und Giftbereitern, Schwarzkünstlern, Hexen und Unholden vieler fürnemmen Historien und Exempel etc.* ..., Frankfurt 1586 (24) heißt es in anekdotisch schwankhaftem Unterhaltungsstil: „Trithemius ist einmal im Frankenland gereist und unter andern sein Gefährte gewest ein fürnemmer Mann, kaiserlicher und der Stadt N. Rat, der das erzählet hat, dass sie in ein Wirtshaus kommen sein, da nichts guts zu essen und zu trinken gewesen. Da hat der Abt nur ans Fenster geklopft und gesprochen: adfer! das ist, bringe. Nicht lange darnach wird eine Schüssel mit einem gekochen Hecht zum Fenster hineingereicht und daneben eine Flasche Wein. Davon hat der Abt gegessen und getrunken, die andern haben ein Abscheuen davor gehabt und es nicht genossen: wie ich auch gethan hätte."

In der zweiten Hälfte des 16. Jahrhunderts kam es europaweit zu einer regelrechten Jagd auf die wenigen, in Gelehrtenkreisen zirkulierenden und immer wieder fehlerhaft kopierten handschriftlichen Exemplare der *Steganographia*. 1563 machte der Magieexperte, Mathematiker und Kristallseher John Dee in Antwerpen eine Entdeckung, die ihn in einen Zustand heller Begeisterung versetzte. Nach langem Stöbern hatte der belesenste Mann Englands* eines der seltenen handschriftlich kopierten Exemplare der *Steganographia* gefunden, die aber selbst für das sagenhafte Gebot von eintausend Kronen nicht zu kaufen war. Allerdings durfte Dee in Auszügen eine handschriftliche Kopie für den Eigengebrauch anfertigen. Später sollte er sie für geheimschriftkundliche Experimente und für Versuche mit Engelsmagie verwenden. Fund und Inhalt der *Steganographia* regten Dee auch zur Abfassung seines berühmten Werkes *Monas Hieroglyphica* an. Der walisische Edelmann hatte sich intensiv mit Geographie, Mathematik, Optik, Philosophie, Magie sowie den Schriften antiker und mittelalterlicher Denker beschäftigt. Er war auch ein Kenner der vielseitigen Schriften des Franziskaners Roger Bacon. In Diensten der Krone stand John Dee als Gelehrter, Hofmann, Philosoph, Spion und religionspolitischer Visionär eines großen Britanniens. Als Kryptograph hatte Dee von Königin Elisabeth I. den Spitznamen „007“ (gemeint sind vier Sinne, die beiden Augen und der sechste Spürsinn) verliehen bekommen, in Anerkennung seiner Fähigkeiten für das Verschlüsseln von Meldungen und geheimen Nachrichten. Magieexperten und Rechenkünstler wie John Dee oder wie der große italienische Gelehrte und Trithemiuskenner Giam-

* Dee besaß in Wales eine Bibliothek mit 4 000 Bänden und Handschriften. Der Altertumssammler und Bibliophile Dee hatte auch schon früh die Forderung nach Einrichtung einer britischen Nationalbibliothek erhoben und für dieses Ziel mit großem persönlichen Einsatz gearbeitet, vgl. Kuper 1993.

battista della Porta waren aus dem Grund bei den sich gerade konstituierenden Geheimdiensten als Agenten und Kryptologen sehr gefragt, weil sie die Kunst der Chiffrierung und Decodierung professionell beherrschten.

Della Porta und vor allem Blaise de Vigenère, nach dem man eine Codierweise benannt hat, die eigentlich Trithemius-Schlüssel heißen müßte, ließen trithemianisches Gedankengut in ihre Werke zur Geheimschriftkunde einfließen. Mit Erfolg hatte auch de Vigenère zwei handschriftliche Exemplare der *Steganographia* in Deutschland und in Italien gesucht.

Neben einer Vielzahl von Anspielungen auf Werke der hermetischen Tradition und John Dees *Monas Hieroglyphica* findet sich auch ein nach Vorgaben des Trithemius verschlüsselter Rätseltext in der rosenkreuzerischen Schrift *Chymische Hochzeit Christiani Rosencreutz* (1616) aus der Feder des Johann Valentin Andreae:

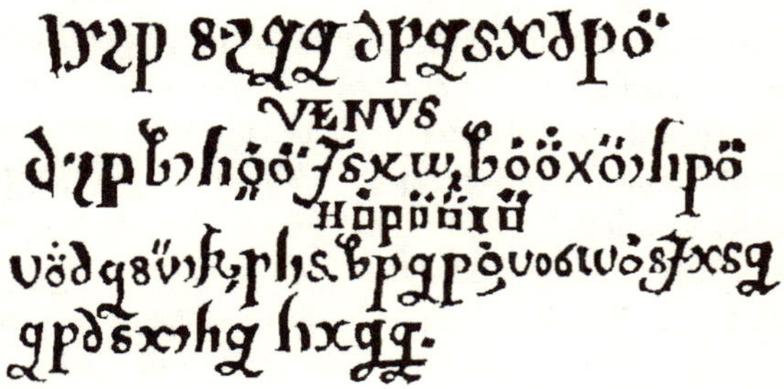

„Geheimschrift" des Trithemius.

Der Klartext lautet:

Hie ligt begraben
Venus
die schön Fraw, so manchen
hoen man
umb Glück, ehr, segen und wolfart
gebracht hatt.

Wie Giordano Bruno schätzte auch Andreae Trithemius Arbeiten zur Spiritualität und erwähnte ihn neben Joachim di Fiore wohlwollend in dem Werk *Theca gladii spiritus*. Gut kannte der Reformationstheologe Andreae auch des Trithemius *Chronologia Mystica / De septem secundeis*, das 1613 bei Andreaes Verleger Lazarus Zetzner eine Neuauflage erlebte.

Endlich erschienen zu Darmstadt und zu Frankfurt 1606 die ersten Druckausgaben der *Steganographia*, gefolgt von einer Neuauflage im Jahr 1608, die wegen zauberischen Inhalts auf Betreiben der Jesuiten sogleich für fast dreihundert Jahre auf den Index der verbotenen Bücher gesetzt wurde. Ergänzend läßt sich dazu feststellen: „Ihre um mehr als hundert Jahre verspätete Veröffentlichung wurde von den Katholiken als gezielte protestantische Provokation angesehen, da der Würzburger Abt immer noch mit dem Stigma der schwarzen Magie und Häresie belastet war. Die schließliche Verurteilung des Buches bewirkte jedoch eine erste Verteidigung und Rechtfertigung des Trithemius. Gelehrte beider Konfessionen erläuterten die *Steganographia* und traten für das Werk ein: 1615 und 1616 erschienen in Ingolstadt die Traktate des Jesuiten Adam Tanner sowie des Benediktinerabtes von Seeon, Sigismund (Dullinger)“ (Strasser, 1988: 101).

Marktschreierisch verkündeten die geschäftstüchtigen Verleger auf den Titelkupfern, daß der Verfasser des sichere Mittel zu geheimer und telepathischer Kommunikation enthaltenen Werkes „der perfekteste Meister der natürlichen Magie“ (siehe Abbildung Seite 149) gewesen sei. In den Gelehrtenkreisen Europas fand das Werk reißenden Absatz.

Der spanische Zisterzienser Juan Caramuel y Lobkowitz gab 1635 zu Köln eine mit Erläuterungen und „Schlüsseln“ versehene Ausgabe heraus. „Die Clavis Steganographiae beginnt mit einer Einleitung, welche Auszug aus der Widmung der Steganographia ist. Es kommen Geheimstellen in deutscher Spra-

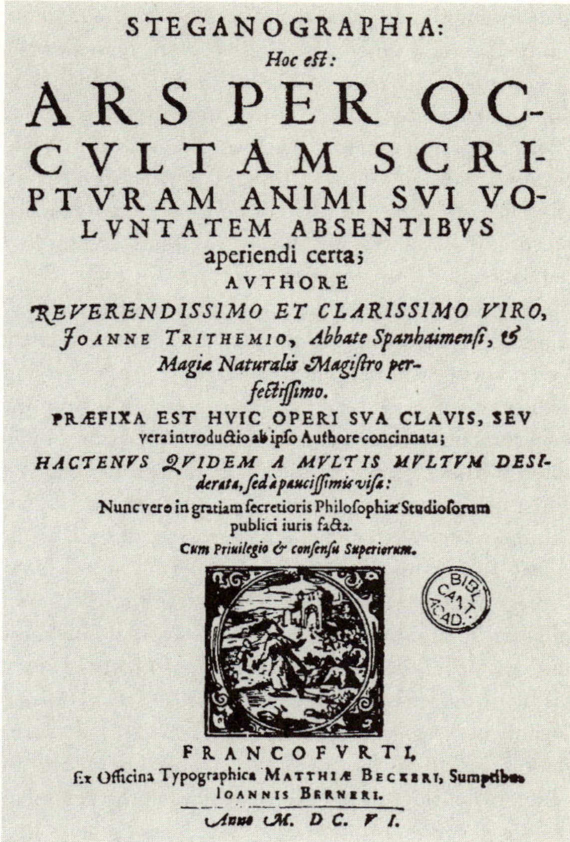

STEGANOGRAPHIA:
Hoc est:
ARS PER OCCVLTAM SCRIPTVRAM ANIMI SVI VOLVNTATEM ABSENTIBVS
aperiendi certa;
AVTHORE
REVERENDISSIMO ET CLARISSIMO VIRO,
JOANNE TRITHEMIO, Abbate Spanhaimensi, &
Magiæ Naturalis Magistro perfectissimo.
PRÆFIXA EST HVIC OPERI SVA CLAVIS, SEV
vera introductio ab ipso Authore concinnata;
HACTENVS QVIDEM A MVLTIS MVLTVM DESIderata, sed à paucissimis visa:
Nunc vero in gratiam secretioris Philosophiæ Studiosorum
publici iuris facta.
Cum Priuilegio & consensu Superiorum.

FRANCOFVRTI,
Ex Officina Typographica MATTHIÆ BECKERI, Sumptibus
IOANNIS BERNERI.
Anno M. DC. VI.

Frontispiz von „Steganographia"

che, die den beigegebenen Briefen und Briefentwürfen (ohne Worte) häufig entgegenstehen. Es sind 40 Beispiele mit ebensovielen Briefen, deren manche Gebete sind. Beendet ist dieser Teil 1500, er hat Briefe von 1494 bis 1500. Das zweite Kapitel sollte 22 andere Arten der Geheimschrift behandeln, die aus den Anfangsbuchstaben der Worte besteht, welche brieflich mitgeteilt sind, aber auch Auslegungen mancher Worte enthält. Statt 22 Arten von Geheimschriften stehen aber deren nur 9, so daß auch diese Schrift unvollständig ist. Unter den Beispielen sind manche Briefe an Freunde von Wichtigkeit und unbeanstandet echt. Anderes ist wohl unterschoben. Häufig läuft die geheime Mitteilung dem Inhalt des Briefes entgegen und warnt den Empfänger vor Tatsachen und selbst den Angaben der Ueberbringer" (Roth, 1916: 20f).

Die Kryptographen des Barock wußten Trithemius als Anreger und großen Ideengeber für ihr Fachgebiet zu würdigen. Als Verteidiger gegenüber ungerechtfertigten Angriffen und als Lobredner des Trithemius tat sich Herzog August II. von Braunschweig-Lüneburg hervor. Auf dem Titelkupfer seines 1624 gedruckten Werkes *Cryptomenytices et Cryptographiae Libri IX* hält der Fürst unter dem Pseudonym Gustavus Selenus schützend den Ehrenhut des Weisen über einen am Schreibtisch werkelnden Ideal-Trithemius.

Das umsatzsteigernde Etikett „stenographisch" führten zu Beginn des 17. Jahrhunderts sogar Bücher auf den Titelkupfern, die mit der Geheimschriftkunde direkt gar nichts zu tun hatten. In dem manieristischen Erzählwerk voll alchemistischer Anspielungen *Le Voyage des Princes Fortunez* (1610) des Beroalde de Verville wurde das modische Wort „Steganographie" sogar als neue Stilrichtung in der Kunst gepriesen: Steganographie „is the art of representing plainly (naivement) that which is easily conceived but which under the coarsened features of its appearance hides subjects quite other than that which seems to be presented; this is practised in painting when some landscape or harbour scene or portrait is shown which conceals

Abbildung ►
Frontispiz von „Le Voyage des Princes Fortunez
des Bèroalde de Verville

LE
VOYAGE
DES PRINCES
FORTVNEZ,
Oeuure
steganographi-
que, receuilli par
Beroalde
Auec priuilege du Roy.
L. Gaultier sculp. 1610.

within itself some other figure which can be discerned by looking from a certain viewpoint determined by the artist. This is done also in writing, when an author discourses at large on plausible subjects which enfold some other excellencies which are known only when read from the secret angle which uncovers splendours concealed from appearance“ (zitiert nach de Rola, 1988: 28).

Gabriel Naudé
1600-1653

Eine Lanze für den Büchermann Trithemius brach der zu seiner Zeit belesenste Mann Frankreichs und Bibliothekar Gabriel Naudé in seiner denkwürdigen Schrift über die hermetische Tradition der Renaissance *Apologie pur les grands hommes soupconnes de Magie*. In diesem 1625 publizierten Werk bemühte sich der als scharfsinniger Kritiker des Rosenkreuzer-Mythos bekannt gewordene Naudé um eine Verteidigung illustrer Gelehrter wie Roger Bacon, Ramon Lull, Francesco Giorgi, Trithemius und Agrippa von Nettesheim, deren nachweltlicher Ruf durch Zaubereiverleumdungen beschädigt worden war.

Und wieder meldeten sich auch andere Stimmen zu Wort. Umstandslos in die ausredenfreie Zone der Hölle wurde Trithemius in einer 1627 gedruckten Sammlung von Moralsatiren des spanischen Barockdichters Francisco de Quevedo verdammt. *Suenos Y Discursos* nannte er seine an Dante erinnernde satirische Unterweltswanderung, in der dem Leser eine Reihe von Ketzern und Gecken des Unheils vorangegangener Jahrhunderte begegnen.

Um Interpretation und Verteidigung des Trithemius bemühten sich auch die gelehrten Jesuiten Athanasius Kircher in seiner 1663 zu Rom publizierten Schrift *Polygraphia nova et universalis…* und dessen Schüler Caspar Schott in seiner 1680 zu Nürnberg gedruckten Schrift *Schola Steganographica*.

Negative Stellungnahmen wurden weiterhin mit Mahnungen, Befürchtungen und Warnungen vor dem angeblich sittengefährdenden Inhalt der Steganographia garniert. Caspar von Stieler gab im Kapitel „Von den verborgenen Schriften“ seiner Teutschen Sekretariats-Kunst in deutscher Übersetzung eines Auszuges aus der eigentlich der Verteidigung dienenden Selenus-Schrift zu bedenken: „Dich Leser / wer du auch seyn wirst / bitte ich / wol zu bedenken / was vor großes Unheil im gemeinen Wesen durch diese Wißenschaft entstehen koͤnne / woferne solche ausgebreitet werden solte. Nemlich: Ehebruch / Hurerey / Rottierung / Verraͤhterey / Raub / Mord und ander mehr unzehliches Ungluͤck. Den gleich wie hierdurch ein frommer und ehrlicher Mann seines Herzens Heimlichkeit seinem Freunde / so daruͤum weiß / […] sicher und ohne einigen Argwohn offenbahren und darstellen kan: Also vermag hingegen ein boͤser

/ verkehrter und gottloser Mensch / seine boͤse Begierden ohne alle Hindernuͤß und Verdacht zu uͤberschreiben. Ja es wuͤrde weder Treu noch Glaube auf der Welt mehr statt finden“ (Stieler, 1673-74: 494f).

Wie Caspar Schott verteidigte auch der erste Trithemius-Biograph Wolfgang Ernesto Heidel Leben und Werk des zum „subtilissimus Philosophus“ (Heidel, 1676: 35) und „noster Poeta celebris“ hochgejubelten Geheimschriftstellers in seiner 1676 zu Mainz gedruckten Edition der *Steganographia*. Dem Beispiel von Schott folgend, hatte er sich um eine inhaltliche Klärung des Werkes bemüht, was nur zu Teilerfolgen führte. Heidel glaubte den Sinn des unvollendet gebliebenen und wahrscheinlich Berechnungen zur Engelsmagie und telepathischen Kommunikation enthaltenden dritten Buches enträtselt zu haben. Der Jurist erlaubte sich die Mystifikation, diese seine Ergebnisse wiederum selbst nur verschlüsselt zu liefern (Heidel, 1676: 122). Zu Nürnberg erlebte die Heidel-Edition 1721 eine Neuauflage.

In Professor Gottfried Arnolds Werk *Unparteyische Kirchen- und Ketzer-Historie* wurde Trithemius als fleißiger Kirchenschriftsteller gewürdigt, der trotz anderslautender Beteuerung „wegen seiner Kuriosität für einen Zauberer gehalten worden“ (Gottfried Arnold, 1699: 283) ist.

Im Zuge der Aufklärung behauptete der schwedische Gelehrte Georg Wallin in seiner 1728 in Uppsala vorgelegten *Dissertatio historico-literaria de arte Trithemiana scribende per ignem* im Hinblick auf den Wahrheitsgehalt der legendären Beschwörungsperformance, daß es sich dabei um eine Vorführung von Trugbildern gehandelt haben könnte. Die interessante Hypothese, wonach die optische Sinnestäuschung des Trithemius durch den frühen Einsatz der *camera obscura* zuwege gebracht worden sei, fand manchen Anhänger und wurde auch 1956 in der Studie *Pansophie* des Göttinger Volkskundlers Will-Erich Peuckert als Erklärungsversuch präsentiert.

Einen anderen Akzent in der Trithemius-Rezeption wollte 1754 der Benediktiner Oliver Legipont setzen, beabsichtigte er doch Mitte des 18. Jahrhunderts die Herausgabe einer leider nie erschienenen Gesamtausgabe der Schriften des Trithemius. Legipont verfaßte eine kenntnisreiche Lebensbeschreibung und Verteidigung des Trithemius, der auch noch moderne Biographen und Analytiker in unserer Zeit wie Arnold oder Brann viel zu verdanken haben.

Inzwischen waren die frommen Lügen des Historiographen und großen Fabulierers Trithemius auf Skepsis und vielköpfige Kritik gestoßen. „In den uralten Zeiten kann man ihm nicht trauen ..." (Ludewig, 1713, Vorrede § 14), stellte zum Beispiel der Würzburger Geschichtsschreiber J. P. Ludewig zu Beginn des 18. Jahrhunderts nach näherer Prüfung der Materialien hinsichtlich ihres Zuverlässigkeitsgehalts fest. Fünfzig Jahre später war der Abt durch einige wissenschaftliche Arbeiten, darunter die Silbernagl-Monographie von 1868, als Fälscher überführt und aus dem Kreis der ernstzunehmenden Quellenlieferanten verbannt. An dieser Entwicklung konnten auch ein paar vergebliche, weil unhaltbare Ehrenrettungsversuche nichts ändern.

Eine Reihe von Fälschungen und falsch zugeschriebenen Werken sorgte für die Weiterverbreitung des eindimensionalen und nur vordergründig plakativen Zerr- und Wunschbildes von Trithemius in der Rolle des güldene Kleinode und Schatzkästlein hütenden Magus. Als „Geschichte der Magie in Pentakeln" (Levi, 1994: 344) und nicht als Fälschung hat der leider oft unzuverlässige Eliphas Levi die Trithemius untergeschobene Schrift *Veterum sophorum sigilla et imagines magicae ... e Joannis Trithemii manuscripto erutae o. O. 1612, Herrenstadii 1732* im 19. Jahrhundert mißverstanden und mißdeutet.

Einer Fälschung aufgesessen ist auch der Romantiker Francis Barrett mit dem Werkteil „The magic and philosophy of Trithemius of Sponheim, containing his secret things and doctrine of spirits ... translated from a valuable Latin manuscript", enthalten in seiner dämonologisch geprägten Arbeit der „schwarzen Romantik" *The Magus, or Celestial Intelligences*, London 1801. Barretts Schieflage wurde noch 1962 kritiklos übernommen und an Verdrehtheiten erweitert von Robert Ambelain, der aus Trithemius jenseits der Quellenlage einen Kristallomantiker machen wollte.

„Ausgezeichnete Abhandlungen von Trithemius", della Porta und anderen berühmten Kryptologen haben den amerikanischen Schriftsteller Edgar Allan Poe nach eigener, in dem Essay „A Few Words on Secret Writing" (1841) gegebenen Auskunft dazu gebracht, sich auch als erfolgreicher Dechiffrierer von Geheimschriften zu betätigen.

Der russische Dichter Walerij Brjussow entwarf 1908 in seinem symbolistischen Abenteuerroman *Der feurige Engel* ein faszinierendes Bild der Renaissancemagie und ihrer kenntnisreich geschilderten Repräsentanten. Der Dichter erwähnt eine Reihe „solcher Giganten der Wissenschaft wie Albertus Magnus, Abt Tritheim und Agrippa von Nettesheim ..." (Brjussow, 1990: 133).

Nach der auch von ihr wiedergegebenen, weil zwischenzeitlich unverzichtbarer Standard gewordenen Beschwörungsszene unter dem Tenor „erstaunliche Leistung der Zauberkunst" (279), gab die Romanautorin Rosemarie Schuder in dem 1972 in der DDR publizierten Werk *Paracelsus und der Garten der Lüste* ein erfundenes Bänkellied über den schwarzen Abt und seine negative Einstellung zur antikirchlichen „Wallfahrt von Niklashausen" zum Besten:

Da war der Abt von Sponheim,
er saß in seinem Wohnheim.
Schrieb Weltgeschichten,
und das hieß bei ihm: richten.

Hans Böheim, Hirt und Musikant,
predigt in Sponheims Land
von Gott und der Gerechtigkeit
das tut dem Sponheim leid.

Wohl 70 000 hören zu.
Das läßt dem Abt keine Ruh:
Ein dummer Bauernhirt,
was hat der groß studiert?

Der kann doch nicht mal denken,
der ist nur gut zum Henken.
Ein anderer, ein andrer muß es sein,
der flüstert die Gedanken ein.

Sponheim erfindet die Gespenster.
Der Hirte zwar steht da am Fenster.
Er bringt die Hörer zum Erstaunen,
ein andrer muß das einposaunen.

Seit diesen schönen Tagen
hört man die Herren sagen:
Wer seine Faust hebt, um sich zu befrein,
muß Werkzeug der Dämonen sein.

(Schuder, 280f)

„Faszinierender Kerl, dieser Trithemius" (Eco, 174), befindet auch der unvermeidliche Umberto Eco in seinem 1988 erschienenen Roman *Das Foucaultsche Pendel* über den Sucher nach der vollkommenen oder magischen Sprache. Allerdings war der Verrätseler Eco angesichts der fehlenden faktischen Grundlage nicht gut beraten, Trithemius und die *Steganographia* in Zusammenhang mit dem bunten Verwirrspiel um Strickmuster der Templermystifikationen zu bringen, wofür es jenseits der Spekulation keine Anhaltspunkte gibt. Den echten Trithemius interessierten die Tempelritter nicht, weil sie in seinen Augen keine Glaubensstreiter, sondern, wie die ausdrücklich von ihm verurteilten Waldenser und Katharer, nur Ketzer waren.

Auch in dem 1992 in deutscher Sprache erschienenen Roman von Stephen Marlowe *Ritter des Zufalls: Tod und Leben des Miguel de Cervantes* (337f) fand Trithemius im Rahmen eines Dialoges Erwähnung als geheimnisvoller Verfasser der *Steganographia*.

Der immer wieder Bilder und Zerrbilder produzierenden Nachwelt ist der historische Trithemius als berühmter Literarhistoriker, Büchersammler und Ordensreformer, Schriftsteller, Magieexperte und Kryptograph, Geschichts- und Geschichtenschreiber, Fabulierer, Fälscher und Mythenstifter zur gefälligen Verfügung im Gedächtnis der Kultur erhalten geblieben. Zum Verständnis beziehungsweise Selbstverständnis des in seinem Wesen und in seinen Handlungen widersprüchlichen und janusköpfigen Abtes ließe sich noch manche Bemerkung anführen. Der gebotenen Kürze wegen soll der von Trithemius geschätzte Plutarch das vorletzte Wort haben: „Kein Mensch ist konstant noch ist er eins, sondern wir werden zur Vielheit geboren: eins ist nur die trügerische Gestalt und gemeinsam nur die äußere Prägung, in der der Stoff sich immer neu umtreibt und wieder entschlüpft; ein jeder von uns kann wegen der tausenderlei durch die Leidenschaften entstehenden Vielfältigkeiten als ein gemischter Menschenhaufe, wie er bei Festen zusammenkommt, betrachtet werden" (zitiert nach Misch, 1950: 379).

ENDE

Literaturverzeichnis

Johannes Trithemius

- *Opera historica, quoquot hactenus reperiri potuerunt omnia.* In zwei Bänden herausgegeben von Marquard Freher, Frankfurt 1601
- *Opera pia et spiritualia.* Herausgegeben von Johannes Busaeus, Mainz 1604/1605
- DE LAUDE SCRIPTORUM / ZUM LOBE DER SCHREIBER. Eingeleitet, herausgegeben und übersetzt von Klaus Arnold, Würzburg 1973
- CHRONIKON SPANHEIMENSE, *deutsch: Des Abtes Johannes Trithemius Chronik des Klosters Sponheim.* Herausgegeben und übersetzt von Carl Velten, Bad Kreuznach 1969
- *Annales Hirsaugienses,* St. Gallen 1690
- *Epistolae familiares,* Hagonae 1536
- *Polygrahiae libri VI,* Basel 1518
- *De septem secundeis, id est, intelligentiis, sive spiritubus orbes post Deum moventibus …,* Köln 1567
- *Steganographia … vindicata, reserata, illustrata …* Herausgegeben von Wolfgang Ernesto Heidel, Mainz 1676
- *Nepiachus.* Abgedruckt in: Johann Georg Eccard: Corpus historicum medii aevi, Leipzig 1723

Sekundärliteratur

- Ambelain, Robert: *Le cristal magique ou la magie de Jehan Tritheme, Abbe de Spanheim et de Wurtzbourg (1462-1516),* Paris 1962
- Andreas, Willy: *Deutschland vor der Reformation – Eine Zeitenwende,* Stuttgart 1959
- Arnold, Gottfried: *Unparteiische Kirchen- und Ketzerhistorie,* Nachdruck Leipzig 1975

- Arnold, Klaus: *Johannes Trithemius (1462-1516),* Würzburg 1992
- Arnold, Klaus: Vorwort zu: Johannes Trithemius: DE LAUDE SCRIPTORUM / ZUM LOBE DER SCHREIBER, Würzburg 1973
- Baron, Frank: „Trithemius und Faustus: Begegnungen in Geschichte und Sage", in: *Johannes Trithemius: Humanismus und Magie im vorreformatorischen Deutschland.* Herausgegeben von Richard Auernheimer und Frank Baron, München und Wien 1991, S. 39-60
- Baschwitz, Kurt: *Hexen und Hexenprozesse. Die Geschichte eines Massenwahns und seiner Bekämpfung,* München 1963
- Blumenberg, Hans: *Die Legitimität der Neuzeit,* Frankfurt a. M. 1996
- Borchardt, Frank L.: „Trithemius and the Mask of Janus", in: *Tradition and Transition: Studies in Honor of Harold Jantz.* Herausgegeben von Lieselotte Kurth u. a., München 1973, S. 37-49
- Borchardt, Frank L.: „Wie falsch war der Fälscher Trithemius?", in: *Johannes Trithemius: Humanismus und Magie im vorreformatorischen Deutschland.* Herausgegeben von Richard Auernheimer und Frank Baron, München und Wien 1991, S. 17-28
- Brann, Noel L.: „The Shift from Mystical to Magical Theology in the Abbot Trithemius (1462-1516)", in: *Studies in Medieval Culture XI,* (1977), S. 147-159
- Brann, Noel L.: *The Abbot Trithemius (1462-1516),* Leiden 1981
- Brant, Sebastian: *Das Narrenschiff,* Basel 1494
- Brjussow, Walerij; *Der feurige Engel,* Köln 1990
- Butzbach, Johannes: *Macrostroma de laudibus Trithemianis et commendatione philosophica adversus zoilos et Trithemiomastigas libri XVI,* Manuskript von 1508

- Chacornac, Paul: *Grandeur et adversité de Jean Trithème. Bénédictin, abbé de Spanheim et de Wurtzbourg (1462-1516),* Paris 1963
- Clair, Colin: *A History of European Printing Press,* London / New York 1976
- Cromwell, Lotte: *Beziehungen zwischen Mystik und Frühhumanismus beim Abt Johannes Trithemius,* Phil. Diss. München 1920 (Maschr.)
- Dröscher, Ernst: *Die Methoden der Geheimschriften,* Leipzig 1921
- Eisenstein, Elizabeth: *The Printing Press as an Agent of Change: Communications and Cultural Transformations in Early Modern Europe,* Cambridge 1979
- Ganzer, Klaus: „Zur monastischen Theologie des Johannes Trithemius", in: *Historisches Jahrbuch* 101 (1981), S. 384-421
- Gerwalin, Hans: *500 Jahrfeier Trithemius: 1462-1962,* Trittenheim an der Mosel 1962
- Glidden, Hope: „'Polygraphia' and the Renaissance Sign: The Case of Trithemius", in: *Neophilologus* 71 (1987), S. 183-195
- Goltwurm, Caspar: *Wunderwerk und Wunderzeichen Buch,* Frankfurt 1557
- Hansen, Joseph: *Quellen und Untersuchungen zur Geschichte des Hexenwahns und der Hexenverfolgung im Mittelalter,* Bonn 1901, Ndr. Hildesheim 1963
- Harmening, Dieter: „Faust und die Renaissance-Magie: Zum ältesten Faustzeugnis (Johannes Trithemius an Johannes Virdung, 1507)", in: *Archiv für Kulturgeschichte* 55 (1973), S. 56-79
- Heidel, Wolfgang Ernesto: „Vita Johannis Trithemii abbatis", in: *Steganographia … vindicata, reserata, illustrata …* Herausgegeben von Wolfgang Ernesto Heidel, Mainz 1676

- Herm, Gerhard: *Der Aufstieg des Hauses Habsburg,* Düsseldorf 1992
- Hermes, Johannes: *Über das Leben und die Schriften des Johannes von Trittenheim, genannte Trithemius,* Prüm 1901
- Hesse, Hermann: „Magie des Buches", in: *Gesammelte Werke,* Elfter Band, Schriften zur Literatur 1, Frankfurt a. M. 1970, S. 244-255
- Hocke, Gustav Rene: *Die Welt als Labyrinth: Manierismus in der europäischen Kunst und Literatur,* Hamburg 1987
- Holstein, Hugo: „Reuchlins Gedichte", in: *Zeitschrift für vergleichende Literaturgeschichte und Renaissance-Literatur,* NF. Bd. 3, (1980)
- Huizinga, Johan: *Erasmus,* Hamburg 1958
- Jacoby, Adolf: „Die Zauberbücher vom Mittelalter bis zur Neuzeit, ihre Sammlung und Bearbeitung", in: *Mitteilungen der schlesischen Gesellschaft für Volkskunde,* Band 31/32, Breslau 1931
- Jan, Helmut von: „Johannes Trithemius – ein Historiker und Geschichtsfälscher", in: *Blätter für Pfälzische Kirchengeschichte und Religiöse Volkskunde* 18 (1951), S. 33-42
- Kircher, Athanasius: *Polygraphia nova et universalis …,* Rom 1663
- Klossowski de Rola, Stanislas: *The Golden Game. Alchemical Engravings of the Seventeenth Century,* London 1988
- Knepper, Joseph: *Jakob Wimpfeling (1450-1528): Sein Leben und seine Werke,* Freiburg 1902
- König, Erich: *Konrad Peutingers Briefwechsel,* München 1923
- Kristeller, Paul Oskar: *Studies in Renaissance Thought and Letters,* Rome 1956
- Kuper, Michael: *Der Narrenspiegel,* Berlin 1986
- Kuper, Michael: „John Dee – Auf den Spuren eines englischen Philosophen der Renaissance", in: *Michael Kuper: John Dee und der Engel vom westlichen Fenster,* Berlin 1993

- Kuper, Michael: Zur Semiotik der Inversion: *Verkehrte Welt und Lachkultur im 16. Jahrhundert,* Berlin 1993
- Kuper, Michael: *Agrippa von Nettesheim – Ein echter Faust,* Berlin 1994
- Kuper, Michael: *Roger Bacon – Der Mann, der Bruder Williams Lehrer war,* Berlin 1996
- Kuper, Michael: *Nettesheim oder Wie man Feuer fängt,* Meppen 1996
- Laschitzer, Simon: „Die Genealogie des Kaisers Maximilian I.“, in: *Jahrbuch der kunsthistorischen Sammlungen des allerhöchsten Kaiserhauses* 7 (1887), S. 1ff
- Legipont, Oliver: „Vita et Apologia Ven. Joannis Trithemii“, in: Magnoald Ziegelbauer und Oliver Legipont: *Historia rei literariae ordinis sancti Benedicti,* Augsburg und Würzburg 1754, Bd. III, S. 217-333
- Lehmann, Paul: *Merkwürdigkeiten des Abtes Trithemius,* München 1961
- Lercheimer, Augustin: *Christlich Bedenken und Erynnerung von Zauberey,* Heidelberg 1585
- Levi, Eliphas: *Geschichte der Magie*, Basel 1994
- Ludewig, J. P.: *Geschicht-Schreiber von dem Bischoffthum Wirtzburg,* Frankfurt 1713
- Luther, Martin: *D. Martin Luthers Werke.* Kritische Gesamtausgabe (Weimarer Ausgabe). Tischreden. Bd. 4, Weimar 1916, Ndr. Weimar / Graz 1967
- Mahal, Günther: *Faust. Die Spuren eines geheimnisvollen Lebens,* Hamburg 1995
- Mc Luhan, Herbert Marshall: *The Gutenberg Galaxy: The Making of Typographical Man,* Toronto 1962
- Mentz, Georg: *Ist es bewiesen, daß Trithemius ein Fälscher war?* Phil. Diss. Jena 1892
- Misch, Georg: *Geschichte der Autobiographie.* Erster Band: Das Altertum, zweite Hälfte, Frankfurt a. M. 1950

- Montgomery, John Warwick: *Cross and Crucible: Johann Valentin Andreae (1586-1654), Phoenix of the Theologians,* The Hague 1973
- Morley, Henry: *The Life of Henry Cornelius Agrippa von Nettesheim …,* in two Volumes, London 1856
- Müller, Jan Dirk: *Gedechtnus. Literatur und Hofgesellschaft um Maximilian I.,* München 1982
- Müller, K. E. Hermann: *De Trithemii abbatis vita et ingenio,* Phil. Diss. Halle 1863
- Naudé, Gabriel: *Apologie pour tous les grands, qui ont esté faussement soupconnez de magie,* Den Haag 1653
- Nauert, Charles: *Agrippa and the Crisis of Renaissance Thought,* Urbana 1965
- Nettesheim, Heinrich Cornelius Agrippa von: *De occulta philosophia – Die magischen Werke,* Wiesbaden 1982
- Nettesheim, Heinrich Cornelius Agrippa von: *De occulta philosophia.* Herausgegeben von Willy Schrödter, Remagen 1967
- Newald, Richard: *Probleme und Gestalten des deutschen Humanismus,* Berlin 1963
- Partington, J. R.: „Trithemius and alchemy", in: *Ambix* 2 (1938), S. 53-59
- Perlitt, Lothar: *Kloster Bursfelde,* Göttingen 1994
- Philobiblon: De Bury, Richard: *Philobiblon oder Über die Liebe zu den Büchern,* Ndr. Leipzig 1989
- Pico della Mirandola, Giovanni: *Opera omnia,* Basel 1557, Ndr. Hildesheim 1969
- Rice, Eugene F.: *The Renaissance Idea of Wisdom,* Cambridge 1958
- Romein, Jan: *De Biografie,* Amsterdam 1946
- Roth, F. W. E.: *Studien zum Trithemius-Jubeljahr (1516) 1916,* Salzburg 1916
- Schneegans, Wilhelm: *Abt Johannes Trithemius und Kloster Sponheim,* Kreuznach 1882

- Schreiner, Klaus: „Abt Johannes Trithemius (1462-1516) als Geschichtsschreiber des Klosters Hirsau. Überlieferungsgeschichte und quellenkritische Bemerkungen zu den 'Annales Hirsaugienses'" in: *Rheinische Vierteljahresblätter* (1966/67), S. 72-138
- Secret, Francois: „Qui etait Libanus Gallus, le maitre de Jean Tritheme?" in: *Estudios lulianos* 6 (1962), S. 127-137
- Seligmann, Kurt: *Das Weltreich der Magie,* Stuttgart 1958
- Seton-Watson, R. W.: „The abbot Trithemius", in: *Tudor Studies,* London, New York 1924, S. 75-89
- Shumaker, Wayne: „Johannes Trithemius and Cryptography", in: ders.: *Renaissance Curiosa,* Binghamton, New York 1982
- Silbernagl, Isidor: *Johannes Trithemius. Eine Monographie,* Landshut 1868
- Spitz, Lewis: *Conrad Celtis, the German Arch – Humanist,* Cambridge 1957
- Spitz, Lewis: *The Religious Renaissance of the German Humanists,* Cambridge 1963
- Staubach, Nikolaus: „Auf der Suche nach der verlorenen Zeit: Die historiographischen Fiktionen des Johannes Trithemius im Lichte seines wissenschaftlichen Selbstverständnisses", in: *Fälschungen im Mittelalter. Internationaler Kongreß der Monumenta Germaniae Historica München 16.–19. September 1986,* Teil I, Hannover 1988, S. 263-316
- Strasser, Gerhard: „Herzog Augusts Handbuch der Kryptographie: Apologie des Trithemius und wissenschaftliches Sammelwerk" in: *Wolfenbütteler Beiträge,* Band 8 (1988), S. 99-120
- Strauss, Gerald: *Pre-Reformation Germany,* London 1972
- Thommen, Bonaventura: *Die Prunkreden des Abtes Johannes Trithemius,* † 1516, T. 1,2. Beilage zum Jahresbericht der Kant. Lehranstalt Sarnen 1933/34 und 1934/35

- Thompson, James Westfall and Saul Padover: *Secret Diplomacy. Espionage and Cryptography 1500-1815,* New York 1963
- Thorndike, Lynn: *A History of Magic and Experimental Science,* London 1923-1958
- Vogel, E. G.: „Unbekanntes Zeugnis eines Zeitgenossen über Johann Tritheim und dessen Schriften", in: *Serapeum* 15 (1854), S. 273-284
- Walker, Daniel P.: *Spiritual and Demonic Magic from Ficino to Campanella,* London 1958
- Weismantel, Leo: *Die höllische Trinität. Roman aus den Jahren der Vollendung des Meisters Nithart, der fälschlich Matthias Grünewald genannt wurde,* Berlin 1966
- Weiss, Roberto: *The Renaissance Discovery of Classical Antiquity,* Oxford 1969
- Widman, Hans: *Vom Nutzen und Nachteil der Erfindung des Buchdrucks – aus der Sicht der Zeitgenossen des Erfinders,* Mainz 1973
- Zambelli, Paola: „Scholastiker und Humanisten: Agrippa von Nettesheim und Trithemius zur Hexerei. Die natürliche Magie und die Entstehung kritischen Denkens", in: *Archiv für Kulturgeschichte* 67 (1985), S. 41-79
- *Zedlers Lexikon:* Zedler, J. H.: Großes vollständiges Universal-Lexikon aller Wissenschaften und Künste …, in 68 Bänden, Leipzig-Halle 1732-1754, Stichwort „Pico della Mirandola", in Bd. 28, 1741

Anhang

Zauberwortmenü
für
Kenner

Tritemius
Tritimuse
Tritismue
Trimeuist
Triismetu
Trisetium
Trismutie
Trisumite
Treumiist
Treumisti
Triiusmet
Triismeut
Tristimue
Truimtsie
Truemisti
Tirmustei
Titrisuem
Titesmiru
Tiersutim
Tisrumeit
Temiritus
Teutsrimi
Teutsmiri
Tiritusem

Tirietmus
Tirismute
Tirusmeti
Tiistrume
Tiistermu
Titresium
Titumires
Tieritmus
Tierimust
Tiermutis
Turmiiest
Turmistei
Turmistie
Turmisite
Tumiierst
Tumutires
Tumtisrie
Tusimetir
Tsiretimu
Tsitirmeu
Tsumtirei
Tsumtirie
Tsumtieri
Tsuimrite

Rittimuse
Rittimeus
Rittusmei
Rittusmie
Ritemistu
Ritiusmet
Rtitiesum
Rititmuse
Reimtitus
Reimutist
Reiumistt
Reitumist
Rititemus
Rietmitus
Rietmistu
Rietmutis
Rietmusti
Rietmusit
Riemttius
Riemtuist
Riemtutis
Rieutmist
Riesittum
Riesitmut

Rimteutsi
Rimtuetis
Rimtsuite
Rimitteus
Rimusetti
Riuttimse
Rutitmeis
Ruimetist
Ruimtites
Ruimteist
Rutmistie
Rutmistei
Ruemistit
Rumtitise
Rumtistie
Rumetitis
Rumeistti
Rumiisett
Ruismetti
Rseiimtut
Rsmtteiui
Itreutmis
Ittsreium
Itemurtis

Itemristu
Irtumetis
Irtumeist
Iristmute
Irstetium
Irseitmut
Ittremius
Ittriemus
Ittsreium
Itemritus
Itritmuse
Itritmeus
Itmeistru
Ititemrus
Itusmetri
Ietrimust
Itusmeter
Iemrtitus
Ieitsturm
Ieutmistr
Ieurtmist
Iesrittmu
Iesumtrit
Imstreitu

Imrtiteus
Imritetus
Imtitrues
Imtiterus
Imitterus
Imisttrue
Imistteru
Imistteur
Imisttuer
Imisttreu
Imuetrist
Imsutteri
Iirttumes
Iimtruest
Iistermut
Iisemtrut
Istimtuer
Isttreumi
Isettrium
Ettirmusi
Etstruimi
Erstimtui
Eistrimut
Emsiritut

Estimritu
Estimtuir
Misttreui
Mistteriu
Mertitius
Meiusritt
Meusritti
Mitreistu
Miuritest
Mistrutei
Mistituer
Musriteti
Utrimeist
Utriemist
Urmitseti
Urmietist
Streuimit
Stetrimui
Stierimut
Sturetimi
Stumritei
Sittmieur
Stertiium
Sermuitti
+ x = Tritemius ^{362880}

REGISTER

A

B

C

Über den Autor

Dr. Michael Kuper, Jahrgang 1960, lebt als freier Schriftsteller und Kunstwissenschaftler im Meppen/Emsland. Er studierte Kommunikationswissenschaften, Ethnologie und Germanistik an der Freien Universität Berlin und lehrte dort als Dozent. Neben literarischen Arbeiten veröffentlichte er über 20 Bücher zu den Themenbereichen Kulturwissenschaften, Ethnologie, Kunst-, Religions- und Philosophiegeschichte, darunter „Der Narrenspiegel" (1986), „Die Vereinigung des Feuers" (1990), „Hungrige Geister und Rastlose Seelen: Texte zur Schamanismusforschung (1991), „Zur Semiotik der Inversion" (1993), „John Dee und der Engel vom westlichen Fenster" (1993), „Agrippa von Nettesheim – Ein echter Faust" (1994), „Kinderkreuzzug" (1995), „Roger Bacon – Der Mann, der Bruder Williams Lehrer war" (1996), „Wie der Widerspruch in die Welt kam… Von der Spinne und anderen Trickstern in Afrika"(1998).